所谓放不下，只是这世界的错觉。

没什么放不下

索达吉堪布说人生断舍离

索达吉

著

中国计划出版社　博集天卷 CS-BOOKY

图书在版编目（ＣＩＰ）数据

没什么放不下 / 索达吉著. —北京：中国计划出版
社，2015.8
ISBN 978-7-5182-0211-9

Ⅰ.①没… Ⅱ.①索… Ⅲ.①人生哲学—通俗读物
Ⅳ.①B821–49

中国版本图书馆CIP数据核字（2015）第163633号

没什么放不下

索达吉　著

中国计划出版社出版
网址：www.jhpress.com
地址：北京市西城区木樨地北里甲11号国宏大厦C座3层
邮政编码：100038　电话：（010）63906433（发行部）
新华书店北京发行所发行
北京嘉业印刷厂印刷

787mm×1092mm　1/16　14印张　150千字
2015年11月第1版　2015年11月第1次印刷

ISBN 978-7-5182-0211-9
定价：35.00元

质量监督电话：010–59096394
团购电话：010–59320018

序　言

"我从哪里来，会到哪里去？活着，到底是为了什么？"

这是困惑了无数人的古老问题。在百思不得其解的情况下，一般人选择避而不想，闷头继续过日子，年复一年、日复一日……

然而，偏偏有这样一群人，放下世间的名利荣华，来到佛教的智慧海边，涉水成为弄潮儿，一心只为求答案。

虽然他们的身份千差万别，在世间的经历也不尽相同，但他们都曾受过高等教育，并最后选择了出家。

他们的这一选择，也许不被大多数人所理解和接受，但他们对人生的深度思考、从佛法中得到的心灵感悟，想必会引起你的深思和共鸣。

十多年前，我在稍微有点空闲时，为了与更多人分享他们的经历，用大半年的时间到处采访，对每个人的故事做了详细的笔录。书中事迹为尊重个人隐私，所有当事人以化名出现。

当然，之所以编写此书，并不是劝你舍俗出家，即使是佛陀在世，弟子也多数是在家人，学佛不一定要与出家画上等号。分享这些，只因这些人曾经所经历的烦恼与疑惑，是你也正在经历，或者也会经历的。

"他山之石，可以攻玉"，但愿他们的心路体验，能让你的人生少走弯路。

索达吉

2015年3月12日

目录 CONTENTS

壹 人生苦短，及时行善

001

放不下
没什么

叁

宇宙再大，大不过人心

不要轻易地相信，不要轻易地否定·108

你问"我"，"我"问谁·114

没有人降生，没有人死去·123

宇宙再大，大不过人心·133

园丁也需要"浇灌"·141

孝，不在朝朝暮暮·149

再不修行就晚了·156

放不下　没什么

肆
——
163

一个人的圣地

没什么放不下

人生苦短，及时行善

> 语言往往会给别人带来伤害，
>
> 虽无利刃寒光，却同样令闻者心伤。
>
> 多年来如彩虹一般的律师生活，
>
> 只是给自己和他人都留下太多的懊悔和遗憾。

刀子嘴，不一定是豆腐心

圆迦，出家前曾在成都电子科技大学教授法律课程，并兼任四川省司法厅直属律师事务所的律师。

认识她多年，总感觉这个人思维敏捷、很有智慧，同时出离心也非常强烈，生活中还不忘广积福德资粮。她曾广泛地做过各种上供下施，从不吝惜钱财。

在成都中央花园小住期间，我曾问起过她从著名律师到出家的经历。记得门前的花园中，花开正当时，有蝴蝶在飞舞。我悠闲地坐在一把藤椅中，品着一杯淡茶，记录下她那些喧嚣和沉默的往事。

我在科大任教时，课程并不多，教书生涯可谓平平淡淡。但十余年的律师生涯，却使我积累了丰厚的人生阅历。接手了太多的辩护案件，也就目睹了太多当事人的酸涩和痛苦。

在许多人眼中，我的事业是光彩夺目的：曾被特邀参加"深圳—成都"航线的首航仪式，并在专机上与政府要员们谈笑风生；一人承担并圆满完成了中国民航内部某机库建设的法律事务，涉及人民币近亿元；也曾单刀赴会，解决过一桩十分棘手的涉及五千多万元资产的产权归属事务；数次出席重大经济项目的涉外谈判，经手的多为百万元以上的经济纠纷案，屡获胜诉；还担任了二三十家公司、企业的法律顾问，为那些大老板出谋划策；也曾以成功的法庭辩论挽救了几名死囚的生命，令近十名在押犯人无罪释放……

总之，接触佛法之前的我，几乎天天都处在当事人和同行们的赞誉声中，生活里充满鲜花和掌声。

那时的我十分得意、自以为是，瞧不起许多人，经常对各种身份的人指手画脚、不可一世。人们都称我是头脑中装有几个轴承的奇才律师，"先进""优秀"的桂冠，几乎年年被戴在我的头上。

然而，我在校园和法庭之外的生活却显得十分无聊。一从忙碌的工作中清闲下来，我就像泄了气的皮球，茫然不知所措，升腾云雾当中的那种心高气盛劲儿顿时烟消云散。我只能以花钱消费来打发时光：购物、美容、大吃大喝……成百上千地挥霍，自以为这才是会享受、懂生活。不过即便如此，也填不满我空虚的心灵。

从事律师工作久了，原先那点自命不凡的成就感也渐渐露出了它的浮沫本质。表面上，我可以自由地处理各种法律事务，但心里却越来越认清一个现实：许多的胜诉都毫无实义，完全是虚妄的。

一些当事人只赢回了一纸判决书，而法院认定胜诉的财产，却因执行判决中的实际困难，比如缺乏约束力等而根本得不到偿还。但胜诉者所要支付的律师代理费等费用却少则几万、多则十几万，一分都不能少。

每当我看到那些本该高兴的当事人哭丧着脸哀求，总有一种自责和无奈。独自静下心来，感觉懊丧难言，有时我越想越恐怖，觉得自己的奢华生活竟全是建立在剥夺这些善良而可怜的人的财富之上的。

我常常陷入沉思，也四处寻求心安之道，为了自己尚未泯灭天良的心能稍稍得到点宽慰。1993年的一天，我偶遇一位出家的大学生，得知他来自位于雪域圣地的喇荣五明佛学院。他身上洋溢着令人羡慕的宁静与平和，让我对这所地处藏地的佛学院产生了无尽的想象。到底是什么样的力量，让他如此怡然自乐。我开始期盼起来，期盼着也能在那儿找到属于自己的永久和谐。

最终，借着他的指引，我来到了喇荣。但在到达的第二天，我就收到一份电报：母亡，速归！这意想不到的噩耗使我手足无措、声泪俱下。当时堪布刚好在我身旁，他看到电报后说："不要紧，生死本就无常。我带你去见法王上师，请他老人家帮忙超度。"

这是我头一次听说，世界上原来还有这样的往生法。心急如焚地跟随堪布去见法王，这是我头一次发现，地球上原来还有这样的人：慈悲、伟大、自在、安详。见到他，我就相信母亲一定会往生极乐世界。

这件事之后，我开始从内心感激、敬佩起这些高尚而又"神奇"的人。在他们的字典里，没有"条件"这个词。虽然我与法王他老人家素不相识，但他默默地为我排解了亡母之苦，真不知如何才能报答这样深重的恩德。比照自己因为帮别人打赢了官司，就收取高额诉讼费的行径，头一次，我有了恨不能找个地缝钻进去的强烈负疚感。

接下来的几天，我连续收到了多封家里催我速返的电报，家人不断责怪我为何迟迟不归。堪布知道后又对我说："还是回去好一些，遇事要多随顺他人，要学会不伤众生心的智慧与方便。"

当时的我对这一番话并未完全理解。结果在返家途中，刚走到康定县，就在大街上碰到了来叫我回去的家人。当街他就开始指责我并破口大骂，最后甚至要动手。奇怪的是，这时我忽然忆起了临行时堪布的话语，瞬间就出乎意料地冷静下来，除了表示道歉外，什么辩解的言辞也没有。

换作以往，以做律师的习气，我是丝毫不会容忍别人对我的无礼撒野的。事情过后，我才慢慢体会到堪布的恩德与智慧，否则，一定会不可避免地给双方造成伤害。

处理完家中的事，对佛学院、对法王与堪布的说不出的怀念与感激，让我再次返回了高原。结果没几天，家人就又追到佛学院来发难。我实在无计可施，只好又去找堪布。堪布只说要见见我的家人，结果没想到这次见面，堪布用权巧方便平息了他们的怒火，还随顺他们的心理，赠送了许多昂贵的物品。

看到家人捧着这些东西志得意满的样子，我不禁感慨万千：堪布虽未明说要帮我，却用行动给了我最具实义的安慰。他以智慧和方便令怒者欢喜、责难平息，这使身处夹缝中的我感动得几乎泪下。于是我决定留下来，在这里学习佛法、学习上师们的智慧，也学习他们的品格。

接下来的日子，在上师们的教诲下，我开始从一个完完全全的门外汉一步步走进佛法的殿堂。对我这个初机者来说，感触最深的一点便是法王如意宝的教言：良好的人格是严持戒律、修持一切显密佛法的基础。

记得有一次，我在法王的房间里打扫卫生，无意中把几颗小钉子和两个橡皮圈扫进了垃圾里。想不到，法王静静走过去，把它们从垃圾里拣出来放进了怀里。尽管他没讲一句话，我的脸却一下子红到耳根，我感觉真是惭愧极了，这种强烈的震撼让我开始重新审视自己的修行。

法王的福德应该说无人能比：二十年来，他几乎每天都要拿出几百元钱请僧众念经；凡遇开法会，常将数万元钱分给四众弟子，甚至拿出上百万元给僧众供斋……然而如此不起眼的几个小物件，法王也要尽其所用，决不肯浪费一丝一毫。

"惜财惜福缘为惜德"，这句话在法王身上得到了最好的体现，然而我却不懂此理。现在看到了法王的行持，我不由得想起自己当年毫无节制、毫无意义地空耗生命和钱财的举止。损失那么多的福报，怎能不让人惭愧和痛心。

不唯如此，由于经常有机会亲近法王，多年来，我目睹了成千上万的人来到法王身边拜见他老人家。无论是什么身份的人，无论有什么事情，也不管拜见时间有多长，法王始终以自在安详的微笑、毫无造作的举动、恰如其分的话语，令每一个人心满意足、欢喜离去。这的确就像珍贵难得的如意宝，能给予世间所有烦恼众生以最需要的馈赠。

人们常说律师往往善于言辞，其实也不尽然。我做过十几年的律师，曾无数次地在大庭广众之下做法庭辩论，慷慨陈词时确是针锋相对、当仁不让，但每次庭审下来，辩论双方大多面红耳赤、愤愤不平。对方愤怒，我也气恼。

站在佛法的角度回顾那段经历，越发觉得，其实我们都在以"我执"带来的嗔心与对面子的计较，去与对方一争长短，更何况在这种互不相让的争斗背后，还有利益的驱动。这样的争论哪里谈得上发心清净呢？

我们的语言往往会给别人带来伤害，虽无利刃寒光，却同样令闻者心伤。

原本每一个人都想获得快乐，谁也不愿受到伤害、感受痛苦。因此，伤人害己的语言根本不能被称为善言，说者也并非能说会道。世间人的言谈交往多被名与利支配，建立在利害关系上的言行，往往让自他都难以得到真正的利益。

多年来如彩虹一般的律师生活，只是给自己和他人都留下太多的懊悔和遗憾。在这雪域佛教圣地，我终于找到了使生活具有真实意义的途径。

广具慈悲智慧的法王如意宝和上师堪布们，把全身心都用在救助他人上。他们睿智而满含爱意的言行，给予了人们真正的安慰和帮助，而这一切又全都来源于伟大的释迦牟尼佛的教导。如果我真的崇拜佛陀的教义，真的感激上师们的帮助，为何不把一生用来追随这些祖师、大德、先行者、领航人的光辉足迹呢？

经过多年的思考、分析、抉择之后，我最终决定要出家来修行佛法，并为自己感到由衷的庆幸与欣喜。

也许有人会认为，这些智者圣人的境界岂是我们凡夫俗子所能达到的，结个善缘就可以了，何必又要出家又要必断生死呢？但我以近十年的学佛经历，亲身体会到佛法就在自己的心里、在自己的身边和在自己的生活中。口头上讲几句佛法并不难，难的是遇人遇事时能以佛法摄持自己的身口意。

学佛的目的就在于闻知佛法的道理，反复思维后抉择修行，使积久的不良习气渐得断除，使佛法智慧融入自心。若能了知此理，用心闻思、专志实践、精进不怠，终有一天，我们会具足像法王那样的智慧与功德。如果借口只结个善缘就万事休矣，那这样的人肯定并非真求解脱之人。

尽管通达证悟心性的路有万万千千，但我想对我这样已在世海名利中沉浮了几十年的人来说，再贪恋万丈红尘，舍不下身心性命，恐怕这十余年就算是白学了。横下一条心，就把自己的后半生放在出家僧众的队伍中去磨炼吧。

"不积跬步，无以至千里；不积小流，无以成江海。"从生活中的一点一滴做起，是每个希求真理的人都能学会和办到的。况且在这种点滴的进步中，我们一定能感受到真正的快乐。

在生活中沉思，在沉思中觉悟，我依此才懂得了什么是真正的生活与人生。欣慰之余，我总会想起那些和从前的我一样整日烦恼不堪的人，真希望他们也能无忧地生活，尽情地体味美好的人生。但我很清楚，在世间根本寻求不到这种安乐。

我禁不住要说：千万别让矛盾纠纷、烦恼痛苦、懈怠放逸、贪爱物欲、我执之见等陋习，埋葬掉自己本应拥有的幸福和快乐。在生活中应该多一份沉思、多一份摆脱痛苦的勇气。

真希望人们都能抽空来佛门看看，也许你可以得到一份意外的帮助和安慰，也许还能找到一方你一直在苦苦寻求的乐土。

圆迦一口气讲到这里，我发现她真诚的双眸里竟闪动着晶莹的泪花。想劝她喝几口茶稍稍平息一下心绪，才发觉我们杯中的茶早已凉了。

圆迦还是端起了茶杯，不知此时她品尝到的是甘甜还是清凉……

自习室里稀稀拉拉地坐着几个学生，自习室外的路灯下、草坪上却挤满了一对对难分难舍的身影；寝室里看不着几本书，但见满地烟头、扑克牌……我开始产生了一个清晰的念头：我不属于这里。

别急着赶路，看一看蓝天

早听说沈阳是重工业发达的大城市，来自水草肥美的牧区的我，常常想去这个以林立的烟囱代替了套马杆、以钢筋水泥代替了帐篷的城堡中去看看。后来辽宁省及沈阳市的气功协会联合举办"藏密气功研讨会"，我也应邀前往发言。

会议开了七天，我也持续呼吸了七天沈阳独有的"工业气息"。这期间多亏圆瓦的父亲跑前跑后张罗，才让我减轻了在一个陌生城市难免会有的不适应。他给了我很多切实的帮助。

在与圆瓦父亲来往的短短几天中，我发现他非常疼爱、执著这个出家当和尚的儿子，然而在言谈之中又常常流露出困惑。我发现我们关注圆瓦的方式是如此不同。

算来圆瓦来佛学院已经整整七年了。对于他，我一直比较重视，也比较了解。当他讲述自己的经历，我好像看见一只小小的蚂蚁，在浩荡的蚁群中停下脚步，看向高远的蓝天。

我很平凡。上大学时，人们和我自己都未曾如此认为，但当我后来置身于博大精深的佛法中，才终于意识到自己的渺小与无知。

我是一个在东北土生土长的城市青年，沈阳是我的故乡，我在那里生活了二十多年。记忆中，这座城市真的无愧于工业重镇的称号，整日里弥漫着粉尘和刺鼻的气味，一到冬天，环境就更是恶劣。

在朝七晚五的这两个时间段里，密密麻麻的上下班人流如同有规律的潮汐，又像黑蚂蚁一般被一座座厂房、车间吞没。每当回想起这样的场景，我的心中就生起些许无奈，还带有一丝恐惧。在现代化的大工业城市中，充斥的都是这样的一些生物，他们完全为了生存而生存，工作是证明他们存在的唯一方式。所幸，我不在其中。

我的幼年、童年和青少年时代全都是在集体生活中度过的，我是标准双职工家庭的孩子。父母都是医生，这也许是我令某些同龄伙伴羡慕的原因。从幼儿园到小学再到大学，我几乎没怎么让父母操过心。若无意外，我也许就会和同学们一样，平庸地完成作为知识分子的一生：上完大学，考取更高的学位，或者直接被分配工作。就算是考上硕士、博士，接下来还得回到生活中去找一份工作。然后是娶妻生子，建立家庭，再接着就是衰老和死亡，这是万古不变的铁律。

然而造化捉弄人，也成全人。生活在大学三年级时突然变换了镜头，我出家成了一名僧侣。如果说在之前的生活剧中，我只是在被动地客串，那么现在我所扮演的角色，则是主动、认真和自愿的。

细想起来也真是缘分。上小学时，父母有次带我到辽宁著名的风景区千山郊游，那时的我唯一记住的就是山里的寺庙、庙里的和尚。回来后心中就有了个淡淡的想当和尚的念头，于是平日里便也穿上肥大的衣裤，经常装模作样地打个坐。不久，小小的我在班级里便有了个"法海"的外号，因为当时全国都在热播《白蛇传》，而我心中也乐得别人这样叫我。

上中学后，自己可以到处乱跑了，这时又打听到沈阳市内有个道观叫"太清宫"，便经常往那儿跑。不为别的，只是喜欢那里古色古香的气氛和袅袅青烟。那时我根本不知道佛与道的区别，就是迷恋那份庄严的宁静。

第一年高考我落榜了，第二年接着补习。这一年的高考结束后，为了消遣，我办了张省图书馆的阅览证。第一本借阅的书便是台湾版的《观音菩萨》，反反复复读了半个多月，心中牢牢记住了一件事——念观音圣号绝对错不了。说来也许你不会相信，但我永远不能忘怀那一天：

发榜的日子到了，天半阴半晴还下着细雨。早上九点多，我打着伞向学校走去。不知为什么，从踏出房门的那一刻起，我就产生了一个强烈的愿望，每走一步就念一句"观世音菩萨"。就这样旁若无人地边走边念，一直走到老师面前。刚抬头，就听见老师对我说："你考上了，沈阳工业学院自动控制系。"我不敢相信自己的耳朵，全班六十多名同学中只有两个考上本科，而其中一个，就是我。

从此我就牢牢记住了观世音菩萨。现在想来，这么实用主义，真是有点可笑。

考上大学，这多少有些光宗耀祖的味儿。父母的脸上也放光，邻居的眼神也都带着点羡慕。但这点欢乐的泡沫很快就被入学后的无聊生活打碎了。

因我年龄较大，同宿舍的小弟们便都叫我"李老大"，颇有些黑社会的意味。但我这个"老大"很快便与"老小"们一起跌入了空虚生活的罗网。

20世纪90年代初的大学生活按理说已经很丰富了，各种协会、联谊会充满了学院。从跳舞到书法、美术、摄影、旅游、影评、公关、志愿者、外语、同乡会等，数不胜数，甚至连熨个衣服都有熨衣协会。但大学生们的真实内心又是怎样呢？只要你到大学校园里走一遭，便可一目了然：自习室里稀稀拉拉地坐着几个学生，自习室外的路灯下、草坪上却挤满了一对对难分难舍的身影；寝室里看不着几本书，但见满地都是烟头、扑克牌；一扇扇宿舍窗户里经常往外砸下啤酒瓶，还伴随着一阵阵声嘶力竭的鬼哭狼嚎……

记得当时的各种报刊上，关于大学生精神世界的空虚问题竟成了一个热门话题。同学之间虽没有明目张胆的因利欲熏心而致的钩心斗角，但从他们处理小小摩擦时所采用的方法上，就不难窥测到以后在社会上的形象。

我开始产生了一个清晰的念头：我不属于这里。

因缘使我在这个时候又想起了观世音菩萨，想起了寺庙。刚好有个高中时的同学约我去沈阳慈恩寺逛逛，不期然，我与这里竟结下了不解之缘。

第一次进庙的时候，有位年轻的师父接待了我们。记不清与他的谈话内容了，倒是对他送给我们的那些书至今记忆犹新。带回家刚开始阅读的时候，我是把它们当作神仙传来看的，当把这些书全部看完后，我终于能够分清佛、菩萨与神仙了，这时的我平生第一次对佛教有了一个粗略的印象。

从此我便找到了一个新的去处。我愿意去那里，不只在周末，只有在那里才能找回心中的宁静。与青年僧侣们在一起时，感觉心中又多了一份祥和。与他们熟了，有时他们就让我一个人待在大殿里。跪在观世音菩萨像前，心里真是清净极了。那时我就发愿，一定要把清净的佛法介绍给每个人。其实那阵子我自己还根本不知佛法的奥义所在，但我心里已很明白，佛法将是我生命中最重要的一部分。

渐渐地，我和同学们玩不到一块儿了，但我尽量不让他们发现我的内心倾向。1993年大二结束后的暑假，我一个人上了五台山。说也奇怪，在那半个月里，先后有六个人劝我出家为僧。当时我还没考虑过这个问题，只是想离佛法更近一些。

有一天正好是农历十五，我往中台山腰爬去，那里有一个小庙，安放着能海上师的灵塔。正走在山梁上，刚刚还晴朗的天空突然下起了暴雨，我一着急就走错了路，深深陷在了淤泥中。突然一道闪电劈在离我很近的山坡上，我吓傻了，呆呆地僵立在泥地中。不知何时，嘴里又念起了观世音菩萨，念着念着，就爬到了山顶，抬眼看见一座大白塔矗立在面前的山沟里。我一口气冲下山，扑到能海上师的灵塔前，久久地跪在泥水中……

回到沈阳，我开始思考出家这个问题了。别的都好办，但如何离开与我相伴了二十多年的父母呢？有一天晚上，我试探着向父亲诉说了我对另外一种生活的向往，没想到他竟如此激动。他向来不过问我在做什么，可这一次，他发现他的儿子可能有些不对劲了。

他尽量地解说人生本应如此，世世代代都是这么一种生活模式，为什么我一定要改变呢？他倾尽全力也说不清楚为什么必须要像众人一般生活下去，更无法消除我对这种生活模式的厌恶。我们看来真的是难以沟通，他不想听我讲佛法，也根本不想知道那是什么。他习惯了像普通人一样过日子，也希望他的后代能够如此。那次交谈后，他吸了一整夜的烟。

现在想起来，当时的我根本不了解他的感情，就像以他的人生经验根本无法理解我一样。我体会不到父亲对儿女所寄予的希望与依赖，也不知道那满地的烟头意味着什么。是我，一下子就打破了一个老人终生的梦想。

置身佛法中七年之后，我当然庆幸自己能从世间人最为推崇的亲情中跨出来，但父亲憔悴而忧伤的目光却成为我心中永远的痛。我只有默默前行，以自己的方式把佛法的阳光无声地洒在父母身上。

不久，远方的几位僧侣朋友的来信，更坚定了我的决心。1994年1月1日，在新的一年刚刚翻开第一页的时候，我离开家人，来到了冰天雪地的青藏高原，开始了我的僧侣生涯。

真正成为佛教徒是在这以后的日子里。我笨拙的学习方式和以前的生活习气使我未能很快融入佛法中。在佛学院七年，我走了很长时间的弯路，才开始看清佛教的轮廓及路径，最终靠近并迈入这神圣的殿堂。

假如现在有人问我，你心中的佛教是什么样子，你为之抛家舍业值不值得？我该怎么回答呢？我想我心中的佛法就是真理，是无比深广的智慧，是博大圆满的爱的宝藏。当佛陀向一切众生无私地伸出他的手，接引我们抵达幸福的彼岸，我分明看到了佛陀慈悲双目中所深藏的泪光。

每每此时，我都会在心底默默发愿，愿生生世世成为佛陀足迹的追随者、佛陀教法的守卫者、佛陀精神的光显者。

愿像佛陀一样，把佛法播种在众生的心地上。

我一直认为圆瓦的故事很精彩，也非常有意义。在广大无边的世界，在社会人生不断的演进过程中，许多佛教徒都书写过、演绎过同样精彩感人的篇章。

只可惜，以前我没有从文字上做过系统的整理，以致许多故事就这么悄无声息地从人们的视野中消失了。现在我把这些故事陆陆续续挖掘出来，想让有头脑、有智慧的人们，能从中了解一个个佛教徒的经历和心声。

1990年，我曾去印度朝拜与释迦牟尼佛有关的许多圣地，特别是在佛陀降生地，还留有阿育王时代的石碑，用梵文明确刻写着释迦牟尼佛降生在此。作为古印度释迦族中的圣者，释迦牟尼佛还为后世的上根利智者留下很多经典。对于那些对佛陀持怀疑态度的人，释迦牟尼佛曾亲自显示神变，在石头上踩下自己的足印，留给他们以做凭证。

所以说，我们也应该尽量留下关于这些学佛者的记载，不论文字还是影像，让后来者能凭借可靠的资料，去一览这些修持正法的行者的风采。

做此记录的另一个原因，是因为许多佛教徒在社会上、家庭中不被人理解，甚至受到谴责和诽谤。我期望人们以平和、理智的心态读完他们的学佛履历后，多多少少会对他们的选择有所认同。

这世上恐怕只有最愚顽不化的人，才会抱残守缺，一意孤行地走在谤佛的道路上吧。

> 向上看是苍茫的天穹，向下看是无边的大海。
>
> 晚上休息时，只能躺在狭窄的房间里那张狭窄的床上。
>
> 身下是一层厚厚的全金属外壳，根本嗅不到陆地的泥土气息。
>
> 人生到底应该有一个怎样的活法？

谁都在海上漂

圆根来自珠江三角洲一个发达的沿海城市，毕业于国际著名的航海界高等学府——大连海运学院。

他到佛学院的时间并不长，总见他在胸前挂个"止语"牌，不与人说话。坐在那里默默地看书念咒，是他给人最深的印象。去年佛学院开金刚娱乐法会演节目，大家一致推选他扮演达摩祖师。待他登场，立刻全场轰动，掌声四起——各位可以由此想象出他的样貌。

圆根与海有缘，海让他憧憬，也让他清醒。在人生的深海中，几经沉浮的他，最终将目光投向那遥远的岸。岸上有微光。

我出生于广东省一个普通的干部家庭。从小学到中学，我一直在努力地读书，同时也很听父母和老师的话。

所学的科目中，我对古文算是情有独钟。记得上初中时读到范仲淹的名作《岳阳楼记》，其忧国忧民的情怀曾深深打动我的心。文中"不以物喜，不以己悲。居庙堂之高，则忧其民；处江湖之远，则忧其君……先天下之忧而忧，后天下之乐而乐。"这几句话，至今还字字作响，声震耳边。也许从这一点看，我还算是有大乘种性的心志吧。

有一阵子，由于学习太过紧张，我一度得了神经衰弱，通过静坐才把这种病患消除。那时我便对气功中的调心调息法门很感兴趣，希望有一天自己也能练出点味道来。一次，偶然在一本气功书上见到"佛"这个字，当时就备感亲切，充满了向往。

对仙佛的憧憬也许是我少年志向的萌发，但由于没有条件向这方面发展，这种志向只是在心里闪了一下便被生活的进程湮灭了。

1984年我参加了高考，成绩还不错。在填报志愿时，听说有某个佛学院招生。当时我就很希望能进佛学院读书，尽管对佛学连点皮毛的认识也没有。可惜那时没有善知识引导，这个理想也就夭折了。出于对大海的好奇，我最终报考了大连海运学院航海系，并顺利地被录取。

大连是个美丽的海滨城市。当我第一次站在海岸边，望着蓝蓝的海水时，心里有说不出的惬意与舒畅。想到自己所学的专业，想到自己将与大海为伴，徜徉于蓝天碧水之间，就更加对生活充满了美好的幻想。可现实并不像幻想那样简单美好，大学四年下来，我的想法便全都改变了。

我所学的专业对人的素质要求很高，为了应付未来海上的特殊环境，本专业只招收男生，而且纪律很严。每天晚上统一熄灯睡觉，早上天未亮就要起床军训。被子要叠得四四方方，房间要打扫得干干净净……这些我倒能适应，可时间一长，就感到有些迷茫。

记得在校期间，我有两次上船实习的机会。初上船时，天南地北的港口到处跑，整天乐颠颠的，等新鲜感一过，就生起厌烦心了。每天只能在狭长的驾驶台上工作，在几十米长的甲板上踱步。向上看是苍茫的天穹，向下看是无边的大海。晚上休息时，只能躺在狭窄的房间里那张狭窄的床上，连翻个身都十分困难。身下是一层厚厚的全金属外壳，根本嗅不到陆地上的泥土气息，难怪有些船员说，船上生活无异于坐水牢。

为了打发时间，减少寂寞无聊带来的痛苦，船员们经常聚在一起下棋、打扑克，甚至喝酒、赌博。尤其当我们航行在大海上时，经常能看到大量的垃圾、泄漏的原油等统统被倒入大海的情景。有一阵子，我甚至有些杞人忧天：原来我整日航行在一片藏污纳垢，甚至危机四伏的水波之上啊。

想到自己未来将在海上过这种生活，心里就很失意。最初对大海那种美好的梦想，此时也像肥皂泡一样破灭了。也就是从那时起，我开始重新审视自己，重新思考人生的方向。

上大学和实习期间，还不断听说有海难发生，船员的人身安全经常受到威胁。比如广州海运局一艘从罗马尼亚接回国的新船，就在途中沉没，导致很多人丧生。

我心中有许多疑问：为什么现代航海技术这么发达，有先进的卫星导航、雷达避险、海上通信、电罗经导航等先进设备，但在台风等自然灾害面前，人还是无能为力？

尤其与古代相比，现代海难事故更是有增无减。当年郑和率领庞大的船队七下西洋，完成人类航海史上一次伟大的远征，也没听说他使用了什么"雷达"等玩意儿，现代科技为什么驯服不了动不动就会给人类一点颜色看看的"海龙王"呢？

这个疑问又勾起了我对古人智慧的向往，我想，今后一定要好好地研究研究古代文化，或许在古人那里，我能获得什么新的启示。

就这样，伴随着困惑与希望，我度过了四年的大学生活。毕业后，虽然在海上的工作待遇很好，还可以经常出国，但由于我对海员那种海上苦闷、陆上寻欢的日子已不感兴趣，于是放弃了在海上度过一生的计划，上陆回到家乡，在日本西铁城下属的一家合资公司当上了科长。

日本人对我还算信任，月薪一千港币在当时已算相当丰厚的薪水。工作之余，几乎每个星期我都有一天要到高级宾馆去挥霍一番。尽管谈不上夜夜笙歌，但也着实让从前的同学羡慕不已。我自己也觉得，上岸的选择是正确的，美好的生活前景即将全面展现。

可是过了一阵子，我又不满意了。工作的成就感并未使我感到快乐、得到安慰，纸醉金迷的生活也未能使我感到满足。在静夜里，往昔在船上感受到的那种精神的空虚和寂寞常常又溜进心间。那时我常常在想，人生到底应该有一个怎样的活法？

就在这个时候，我开始接触人际关系学大师卡耐基的书，他告诉我要知足常乐。我也不知道我的苦恼是不是由于不知足、想得太多造成的。也许是，也许不是，但在我朦胧的心态中，总觉得生命还应该有另外的更深刻的内涵，只是我现在还捕捉不到这种内涵到底是什么。

后来，我又试图从心理学中寻找思路与答案。通过对西方心理学论著的学习，我发现人的精神世界确实是一个不容忽视的大课题。为什么人有那么多的烦恼与病态？这都跟心识隐秘的活动有关。心理学的分析研究方法对我认识自心起到了一定的帮助，但同时也勾起了更多的疑惑，如心与物的关系到底如何等等。

在后来的日子里，虽然我探寻人生真义的愿望依然潜伏在心里，但由于没有佛法的指引，内心时常处于迷乱当中。欲望的冲动与对名利的希求使我曾走了一段弯路，有一阵子，财色名利成了我追求的主要目标。但每每在逢场作戏之后，内心却感到更深的苦闷与寂寞。彷徨无奈中，我不知道自己的人生航船将驶向何方。

随波逐流的生活使我厌倦，工作又提不起我的兴趣，每日喧扰的生活与心灵的苦闷使我渴望了知生命的实义。为了追求更高层次的精神生活，我决定辞职。放弃工作之后，很多人都为我感到惋惜，认为我将那么好的工作条件、美好的发展前途舍弃，真是不可理喻。但我想：钱再多，物质再丰富，也不能让一个人获得真正的幸福与安宁。

走，寻师访道去，不与俗人论。背起简单的行囊，就这样开始了我的探索之旅。修禅定、学太极、访名家，在这样的探究中度过了四年时光，我终于走进了佛门。

当我第一次走进云门山大觉禅寺的佛殿，那气度雄浑的庄严佛像和曲径通幽的清凉禅堂，突然就勾起了我少年时对佛的亲切感，一种宾至如归的感觉从心底油然而生。当时我就在想，佛法会不会是我要寻找的最终归宿呢？我心灵的依托是否就在这里？为了验证这种想法，我在庙里住了下来，开始了学佛生涯。

晨钟暮鼓的禅林生活是很有节奏与规律的，祖师大德制定的丛林规矩给修行人提供了极大的修心方便。置身于这远离喧嚣的人间净土中，我近似贪婪地吸吮着佛法的甘露。渐渐地，佛陀的大悲与智慧开启了我暗蔽的心扉，原先的许多疑团开始云开雾散。

我终于认识到佛法或许才是对宇宙人生真理的终极揭示，比如，曾使我受益匪浅的心理学，专以研究人的心意为主，但它的研究范畴连佛法中的第六意识及与其相应的心所都未能超出，而且其模糊及不确定的研究分析方法，并不能给人根本有效的调心策略。

但佛法并非如此——它完全是佛陀在自证现量境界中，对宇宙规律的如实解说，是无谬、无漏的，是超越了相对与绝对，而又不离二者的实相境界。谁若体证了佛法，谁就是真理的化身，谁就能获得彻底的人性大解放。

心中的乌云散去了，无序的思路明确了，多年无依的心终于有了依靠。在虚云老和尚的一位亲传弟子的慈悲摄受下，我皈依了三宝，并发心出家。举行仪式的那天，师父慈悲开示："你要一生出家，永不退转地修行。在广闻博学的同时，一定要一门深入、一心修道。"

师父的话，我将永远铭记心中。想到自己多年来在世海波涛中沉浮挣扎，却始终找不到心灵栖息的港湾，直到今天，才搭上佛法这条妙宝大船，驶离人生苦海，趋向解脱安乐的彼岸，这能不令我振奋，努力向前吗？

1999年，为了进一步学习佛法，我来到了喇荣五明佛学院。在上师的大悲加持下，我对佛法的认识有了质的飞跃。两年时间过去，我对未来的修行计划已有了明确的认识，将依上师三宝的教诲，为实证大圆满的觉性而精进修持。

出家好几年后，有一次回乡探望父母。以前的同学见到我之后纷纷向我打探：是不是走投无路才想到出家的呢？对这样的误解，我早已司空见惯。这世上有那么多真正走投无路的人，可有几个会因此而真的出家？这世上有那么多行正智高的卓绝之士，又有几人心甘情愿在碌碌人世了此一生？

对世人的浅薄与愚昧，我不禁心生悲悯、感叹不已。遥望茫茫原野，我在心中默默祈祷：南无大悲观世音，愿我速开智慧眼；南无大悲观世音，愿我速度一切众……

看了圆根的故事，你有什么感想呢？圆根不安于平凡的生活，愿放下厚利去追寻生命的真义，没有一定的勇气是很难做到这一点的。愿圆根的学佛因缘能带给你一些启示。

最后有几句前人的话，送给圆根，也送给读者共勉：

不求大道出迷途，纵负贤才岂丈夫。百岁光阴石火烁，一生身世水泡浮。只贪利禄求荣显，不顾形容暗瘁枯。试问堆金等山岳，无常买得不来无？

> 我深深地感到自己不堪为人师。
>
> 当我教育学生宽容，就想到自己粗暴的态度；
>
> 当我批评学生懈怠，就惭愧自己虚度的光阴；
>
> 当我把不及格的作业本扔向学生，
>
> 也同时扔给了自己一个难题：你的人生及格了吗？

拿不起的教鞭

每个人进入佛门的因缘都千差万别：有人看破红尘；有人读佛经心开意解；有人则是宿世因缘。

作为一代骄子的大学生们，他们又为什么选择这条少有人走的路？

一个山花烂漫的季节，开金刚娱乐法会时，圆杰向我讲述了他的人生经历与出家缘由。

虽然已相隔许多时日，当时的情景仍历历在目：他穿着一身黄色僧装，蓄着不算太长的络腮胡子，嘴里不停地念着佛号，手里轻轻拨动着菩提念珠。在蓝天碧野的衬托下，好一幅飘逸脱俗的画面。

他深深感念大学时代的一位老师，给予了他至关重要的人生启蒙：天地之间最珍贵的，是一个人纯洁、独立、高尚、深刻的思想。

我出生在一个教师之家，父母都是当地教育界的骨干。

一直在父母的熏陶和呵护下长大，青少年时期的我，头脑就犹如一个箱子，别人给什么，我便装什么，从没有主见，真可以说是别人思想的奴隶。在这种状况下，我不可能接受已被教科书定性为封建迷信的佛法，直到在大学的最后一个学期，我才算是与佛法有了第一次轻微的接触。

我是学中文的，当代文学是那个学期开的一门必修课。正是教当代文学的那位老师，给我留下了特别深刻的印象。

那天上课，他没有坐在椅子上，也没有拿出厚厚的讲义夹，带来的那本书也没有翻动一页。他只是一个劲地写，滔滔不绝地讲。

往常那些戴着老花镜的教授们总是坐在大椅子上，念一个多钟头的讲义稿，一堂课便算完事。而他对当代文学的大家时而赞美，时而点评，全都是自己的真知灼见。结果到下课时，他已写满了整块黑板。这堂课深深震动了我的心。

后来，我们三四个同学便经常跟他在一起，他也常常带着我们到市区、郊外游玩。在这种轻松的氛围中，他会把古今中外的名人典故搬来讨论，热烈的思想交流与辩论，让我那历来只会不假思索接受的头脑，突然明白了一个事实：原来我可以对任何事物做出自己的判断，原来在天地之间，最珍贵的便是一个人纯洁、独立、高尚、深刻的思想。

在被他迅速"催化"的过程中，我开始对以往的所知所学产生越来越强烈的怀疑。从那以后，我自己都说不清有多少次站在江边，向对面的大佛像喊出"为什么"的发问。

他讲课的内容涉及各门学科，与其说他在教当代文学，不如说他是我当代文化与思想史的引路人。在他的启发下，我的眼界大为放宽，对其他领域的知识也开始有所涉猎。

我试着一步步突破文学的狭隘范围，去各门学科的代表思想中寻找真理。以前真的以为真理就在教科书中，就在我们手上，我们绝对已掌握了关于生命、社会问题的终极答案。但在他的几句反问面前，我马上就变得哑口无言。

他说："既然生也有涯，而知却无涯，那么是谁赋予了这有涯的'生'以统领万事万物的权力？是谁让我们为无涯的'知'打上'终极'的句号？继续探索吧。否则死到临头时，都还不知道生的含义。"

他不仅从大的方面鼓励我们开掘生命的本质，还时常结合社会的种种现象来带动我们思考。他常这样说："现代人真是简单得很，只知道吃喝拉撒。他们没有了思想，也没有了追求，只是庸庸碌碌地凭本能过日子，要么就是拼命寻找刺激。但无论怎样，其实质都空洞得像泡沫……可叹人心衰微至此，古人的大家风范在今人身上是无论如何也找不到了。

"所谓的名人多是沽名钓誉之徒，自己的精神世界则一片荒凉……无论是谁，在面对生活时，都应认真地思考、选择。

做人不是游戏，必须对自己的行为负责。现在的世界的确让人有太多的苦闷，而精神上又找不到出路，所以很多人会因困惑而自杀（如三岛由纪夫、海明威等）……"

在他的谆谆教导下，短短四个月里，我的思想便有了一个飞跃与突变：对于世界与人生，开始自己做出思考和判断。也就是从那时起，我默默地立下誓愿：要在探索真理的路上不断前进，决不能做那种只知吃喝玩乐的庸俗小人。即使不能像真正的伟人那样流芳千古，也要活得有价值、有意义。

也是在他那里，我听到了"佛"这个字眼。可惜跟他相处的时间太短暂，还没来得及听他对这个问题的阐述，我就已毕业在即了。每次想到这里，我都有一些遗憾。如果能早点听到他对佛法的畅谈，我可能会更快地踏上佛道。

虽然有了非常大的进步，但是对人生、宇宙的终极真理，我仍然没有找到答案。于是，我写下了一句发自肺腑的感触："世界在茫茫中展开，我在世界中茫茫生存。"带着一颗继续追求真理的心，我离开了大学校园。那年，我二十岁。

我的职业是教师，和所有刚走上社会的人一样，我怀着一颗干一番事业的热忱之心。那种心是纯真的，但要保持它，却绝非易事。当时的我也低估了可能出现的各种困难。

遇到的第一个障碍便是社会的影响。客观说，整个社会风气并非积极向上的，正如我的老师所说，大多数人都是只知吃喝拉撒而已。几乎所有的人都在消费自己的生命，他们就算是抽出一点时间来劳动，也只是为了下一阶段的消费。理想、人生、真理，在他们心目中，不过是些书本上好听的文字。

在不自觉中，我也被带入这股莫名的洪流，刚出校园时的那种激情正默默地被磨损。但内心深处，老师播下的火种依然从未间断地闪烁着，我知道那是我最宝贵的人生支点与精神财富。

于是，尽管别人用奇怪的眼睛看我，我仍会从微薄的工资中拿出数百元，用以订阅哲学、文学等杂志。偶尔在酒桌的推杯换盏之间，我也会不顾大家的惊愕，高谈司马迁受宫刑忍辱撰《史记》，及戊戌六君子凛然赴刑场慷慨救国的壮举……

每当夜深人静、独自面对自我之时，心中总会响起一个声音："我不愿做庸俗的人。"但生为凡夫，我实在难以冲出这重重的世俗牢关。当第二天到来，我又重复起一模一样的生活：喝酒、打牌、侃大山、看电影……这种矛盾的日子大约持续了一年多。

遇到的第二个障碍便是工作。在实际工作两个月之后，我便害怕面对学生了，因为我深深地感到自己不堪为人师。

当我教育学生宽容，就想到自己粗暴的态度；当我批评学生懈怠，就惭愧自己虚度的光阴；当我把不及格的作业本扔向学生，也同时扔给了自己一个难题：你的人生及格了吗？

我热爱我的工作，正因为热爱，对自己的要求也更高。教书育人不但要教给学生知识，还要培养和锻炼学生的能力与素质，更重要的是，教会学生如何做人。这就要求教师应该具备完美的人格、深广的智慧、持久的耐力和毅力以及博大的爱心。别的不说，自己做人都做得昏昏庸庸，又如何教育他人？

如果学生由我教育，我无知的心又由谁来教育？

这个时候，如果我放弃思考，就可以和大多数人一样，工作之时应付了事，工作之余则花天酒地。但这是我想要的生活吗？在思想的夹缝中，我开始痛苦地呻吟起来。

好长一段时间，我都被埋在这种痛苦当中，欲罢不能。我一支又一支地抽着烟，同时眼望着书架上一排又一排的书：那里有中国的古典文学名著、古希腊的神话、诸子百家的著作、孔孟的思想、老庄的哲学，还有但丁的三部曲、歌德的《浮士德》……

我曾经从这些古今中外大家的著作中，得到过很多启发，但此刻，它们似乎都成了多余的摆设。在面对实际的深层痛苦与内心独白时，这些著作全都显得那么苍白无力。

不过有一次，我茫然若失的目光不经意落在了一本翻开的影集上，那里有一张我在峨眉山金顶旅游时的照片——我盘腿坐在一块石头上，双手合十，面似凄苦。

当时的动作只是一种游戏，没想到却与我现在的心情非常相符。刹那间，一个念头就在脑海中显现——佛教！为什么我不在佛教中找一找答案呢？老师不也曾提到过佛教吗？

这时，脑海中渐渐浮现出远离红尘的清净寺院生活：那回荡着晨钟暮鼓的山林，或许能给我提供另一种塑造自我的环境；那极富哲理的禅机、佛理，或许能为我打开另一扇世界观、人生观的大门；那表面看来离奇的轮回学说，或许能让我更深入地了解乃至体验生命的最本质状态……

想到这些，一个大胆的念头在心中渐渐清晰——去钻研佛经义理，实修佛法。如果这最后的一条途径也被证明是"此路不通"，我就只能随波逐流了。此时，正值1996年盛夏。

我用了整整一年的时间，一方面刻苦学习经、律、论，一方面几次到报国寺深入观察、体验出家人的生活。这样的精进闻思修最终表明：我的选择没有错。佛法终于解开了我心中所有的谜团，它一点也没有令我失望。

在这样的认识下，我平静而坚强地决定，剩下的人生之路就在寺庙、僧团中度过。既然已厌倦了世俗社会，为何还要强迫自己卑躬屈膝地迎合？既然还没到"佛法不离世间觉"的境界，就专心致志地以出世间的形式磨炼自己吧。

把这些问题全都考虑清楚以后，在1997年夏天，经父母同意，我终于在报国寺正式出家。

在峨眉山住了一年多，其间我对佛法的基础知识及佛教史有了一些了解。但由于缺乏善知识的引导，只是自己翻书，对真正的佛法体系仍是不甚了了，远远达不到出家时的目的：完善人格，了悟宇宙人生的真谛。

1997年年底，恰逢法王如意宝朝礼峨眉山。在金顶上，我有幸一睹法王尊容，算是与他老人家结下了一个殊胜因缘。1998年，几位从喇荣五明佛学院行脚到峨眉山的僧人住在了金顶。与他们进行一番谈话之后，我对喇荣圣地生起了无限向往之心，当下就决定前往圣地参学。

当年11月，当我终于来到喇荣沟后，顷刻之间就被这片土地上真实修道的状况、景象折服了。在聆听了活佛、堪布们的教言后，更增加了对佛法的信心，深感佛法的甘露妙味对灵魂再造的不可思议之功。在深深叹服上师们广大的悲心与深邃的智慧时，要永远待在这里修行的打算便自然产生。

近三年的学修，使以佛法的正见为基础的世界观、人生观终于在我身上得以确立。虽然不具备任何修行的功德，但我深信，只要以佛法为指南，昔日的夙愿就一定能成为现实。我定能彻见宇宙真理——菩提真心；定能实现人生意义——利乐有情。

想到这些，我总激动不已，唯一能表达心情的语言就是：感谢上师们，感谢伟大的怙主释迦牟尼佛。

圆杰不甘沉沦的探寻历程和最后毅然出家的决心，也许会打动不少人的心。同时，他的经历也告诉人们，知识分子学佛乃至出家，并非像有些人认为的那样，只是一种盲目的抉择。他们大都是通过了较长阶段的研究、思索与观察，才会做出如此重大的决定。

在泰国、新加坡、马来西亚等国，佛教教育都极为兴盛，国家对此也非常重视。在这样的大气候下，一个人的出家不但不会遭到排斥和歧视，反而会受到尊重和赞叹。对比我们周围，一些智识浅薄者，却总是用一种异样的目光来审视这些胸襟宽广的出家人，确实可悲可叹。

> 我们在一个庞大的机器里，出卖各自的"所长"，
> 换回螺丝钉、中枢按钮等的位置。
> 但即便你是个方向盘，就以为能驾驭命运之车了吗？
> 生平第一次，我想赋予生命以自主的灵魂。

不做机器，做机器的主人

八年前一个冬天的早晨，一位女士站在我的木板房外。推开窗户，我听到她用激动的声调自我介绍说，她来自东北，要在这里求学佛法。看到我略显犹豫的表情，她赶忙拿出了身份证、工作证等各种证件，末了，还递给我一张北外的毕业证书。

其实我并非怀疑她的身份，只是对她能否长期待在这里没有把握。一方面，像她这样的知识分子能舍弃城市生活确实不易；另一方面，我又见过很多类似的修行人，刚开始勇猛精进，到半途又退失信心。这位女士会不会也如此呢？

后来她就在佛学院住了下来，再后来，在上师三宝的加持下，她落发出家了，法名圆吉。

我一直是整个过程的旁观者与审视者。八年来，未曾见她东跑西颠、说长道短；也未曾见她懒散度日、轻率放纵。哪怕在佛学院碰到很大违缘的时候，许多道友都四散而去，她仍坚定地留在这里，并发愿永远不离开上师。这样的修行人，已然把上师的教言完全融入心间。

对于这一切，圆吉说要感谢与死神的一次照面，让她从人生的迷幻美梦中，如此毅然地逃离。

我一直觉得为了实现理想而生活，才是世界上最快乐的事。对我而言，理想能使短暂的生命获得最有意义的价值。没有了理想，也就没有了努力的方向，而昏昏庸庸的生活，跟动物也没有什么两样。

但什么样的理想能使生命焕发出最耀眼的光芒？这个问题，曾让我苦恼了很长时间。

高中毕业后我进入一家百货公司当装卸工，从繁重的体力劳动中摆脱出来，便是那时的理想。好在高考制度恢复后，我终于得以考入后来更名为黑龙江商学院的这所高校，学习企业管理。三年后毕业，我的理想得到了初步实现：可以不当工人，坐进宽敞明亮的办公室。

的确，毕业后我就被提升为助理经济师，工资也连升两级。在一片赞誉声中，我认为人生应该向更高的目标攀升，至少得把"助理"两字去掉，有地位、有名望，这才是理想的人生。但是考经济师必须过外语关，怎么办？干脆一鼓作气拿下英语得了，也许以后评什么高级职称时都用得上。

于是，我又马不停蹄地考上了北京外国语大学的英语函授本科专业。本来年龄也不小了，但在"理想"的驱动下，我还是拖着一把年纪苦读了三年半，终于拿下了北外的文凭。现在的大学生可能已是遍地开花，连个博士都未必能找份好工作，但在20世纪80年代初，有两个大学文凭的人并不多见。

我很快就颇有名气，地位越升越高，工资也一个劲儿地往上涨，自己都觉得越活越年轻。在一片光辉图景中，当然得描绘更新、更美、更高的人生蓝图。我又想考硕士研究生，因为想进入国家级外贸系统。

我开始为新的理想奋力拼搏，并拿到了一家国际机构的招聘书。但就在当天晚上，厄运突然降临：由于不小心，我煤气中毒了。那是我第一次体会到死亡距我其实只有咫尺之遥。

我清清楚楚地记得，当时就像在做一个梦，一个人沿着一条无人的路向东方走去。到了一个陌生的地方停下来，忽然看见一排排尖顶的房子，等钻进去后便什么都不知道了。醒来时，耳旁朦朦胧胧传来人们的哭喊声。等神志完全清醒过来时，父母告诉我说，我昏死过去已有半个多小时。

这突如其来的经历让我后怕了一个多月，我总在想，当时若没有醒过来，岂不就一命呜呼了？天哪，我的生命竟是如此脆弱，它真的就在呼吸之间。每每想到这里，我都要惊出一身冷汗。父母也说，他们都认为我已经完蛋了，整个人一点气息也没有，浑身冰凉，所以他们又喊又叫，特别是母亲，当场就哭晕了过去。

我不知道自己是怎么活过来的，只知道是捡回了一条命。从那之后，我不得不重新审视我所做的一切。这个事件对我的刺激非常大：如果连命都没有了，那要"经济师""高级经济师"的头衔又有什么用？就算混到了一张牛津、哈佛的博士文凭，也挡不住一场煤气中毒，因为它会让你顷刻间灰飞烟灭。整天奔波在名与利之间，根本就没意识到生命的存在。在与人为了几级工资闹得不可开交时，从未想过如果自己一口气上不来，争这些工资又是为了谁？

就像每天沐浴在阳光下，往往意识不到太阳的存在，只有在寒冬腊月里，才会迫切地渴望太阳穿透云层。我也一样，如果不是这场煤气中毒，根本就不会停下奔波的脚步，也不会去思考生命到底是怎么一回事。

在病床上的那段日子，我有了充分的时间与心情回顾自己的足迹。

我忽然意识到一个问题，学经济学时，尽管整天把价值规律、商品流通的定义背得滚瓜烂熟，却从未联系自己思考过这一问题的实质。如果说工人主要是以体力劳动来获取工资，再从社会上买回生活所需，那么知识分子则主要是以脑力劳动来参与交换。二者全都在出卖劳动力，在这一点上并没有本质区别。想到这里，我忽然觉得自己处处以学问、文凭、知识作为炫耀的资本，轻视"下等人"的做法，实在是愚不可及。

　　我们在一个生产、交换、流通、分配的社会体系内，就像在一个庞大的机器里，出卖各自的"所长"，换回螺丝钉、中枢按钮等的位置。但即便你是个方向盘，就以为能驾驭命运之车了吗？

　　我们都只是零件，但几乎人人都认为自己在主动地、积极地参与着、创造着，推动自己和社会的发展。其实我们都不过是社会这台无生命的大机器上的工具。

　　认识到这一点，我感到一种悲哀与压抑。我们分明是一个个灵动的个体，一个个鲜活的生命，但在天灾人祸面前，在没有任何反抗也来不及做任何准备的情况下，可以瞬间被剥夺生存的权利。

　　在社会这张庞大的网前，原先颇为自负的我，也渐渐明白自己这具血肉之躯，只能而且必须被纳入到一个没有任何感情、没有任何血肉的运转不停的关系之中。难道一个人，一个被誉为万物之灵的物种，根本没有能力成为一种自由自在、自主自为的存在？

　　社会是由人组成的，人却被商品这根线牵着，迈进了自设的关系之网，而做不得社会的主；人是能思、能动、能行的，却完全控制不了自己的肉身机器，更不明白自己的心灵是何种风景。这样的人生又有何益？

　　我有点理解周围的工作狂了。一旦静下来，思考的结果就使我如此自卑。我开始明白，要想不被清醒后无路可去的悲哀淹没，就只能让自己工作工作再工作。用连轴转的疲惫，让这颗心日渐麻木。

越往下思索，便越加重了痛苦与绝望。

学企业管理时，老师告诉我，经济发展的重要依据之一便是商品的流通速度。这个道理其实不难懂：产品从生产单位出来之后，就得拿到市场上销售，如果它滞留时间过长，就会影响经济的周转效益。而决定商品畅销与否的条件，便是看它受消费者喜爱的程度，也就是说，生产出的商品价值的大小，完全不可能由它本身的所谓特性来决定，离开了消费者，商品即便是用黄金珠宝镶成，也一钱不值。

我曾经站在商店的橱窗前，看着琳琅满目的商品而惊叹，惊叹物质生活的极大丰富、商品的绚烂耀目。现在才多少有些明白，离开了消费者，这些商品便不复存在，它们唯有在消费中才具有价值。而一旦进入消费，再昂贵、珍奇、稀缺的商品，也将在人们的使用过程中走向衰亡。

我总算明白了上学期间所学的"异化"理论。商品原本没有任何独立的属性，但在一个精神信仰衰微、过于强调物质生产的社会里，这终究会归于消亡、完全取决于消费意愿的东西，却会主宰人类的命运。人们成为物的奴隶，成为自己创造之物的阶下囚，成为丧失自由意志与独立人格的"拜物教徒"。

也就是在这段时间里，我生平第一次感受到信仰的力量；第一次迫切地想站得更高一点，好清晰地纵览人生百态与命运的奥秘；第一次想赋予生命以自主的灵魂；第一次想从熙熙攘攘的世俗之海中超脱出来。

　　身体恢复后我又回去上班，但此时的心境已大别从前。特别是看到同事们一如往昔地争名夺利，傻乎乎地虐待自己的生命、试图填满心中的欲望，我更是感到难以言表的悲哀，为自己也为别人。不知道此生结束时，他们是否会反思自己的人生轨迹。

　　所以，当我以偶然的因缘看到《心经》，感觉就像找到了一个非常熟悉又失散多年的老师："观自在菩萨，行深般若波罗蜜多时，照见五蕴皆空，度一切苦厄……"这些话让我只往前迈了一步，便从世间法跃到了出世法。如果说商品的本性无论从哪个角度来说都是空，那人又何尝不是如此？

　　我诧异自己为何到现在才听闻佛法，诧异周围的人到现在都看不清万法本性的空。商品要观待消费才存在，并在使用过程中，终究耗尽它的所有价值；人不也得观待各种因缘才存在，且必然经历成、住、坏、空的轮回吗？

　　那一瞬间，我感到佛法离我是那么近、那么亲切。

　　最让人激动的是，佛法虽然指出了生命的"苦空无常"，目的却是要破掉人们对一切虚幻现象的执著，指引大家回归"常乐我净"，直至无生无灭的永恒。我悲观，是因为只看到了生命被奴役，而佛法告诉我，这些都是假象，每个人都能找回光明自在的生命本质。

　　从《心经》开始，我正式走入了佛门。这以后不久，我就看到了一本介绍四川喇荣五明佛学院的书，还有佛学院的法本《法界宝藏论》。尽管我看不懂甚深的教理，但强烈的信心及向往之意却油然而生。特别是后来又听到了一位上师的讲法录音带，那里面的一段话更是深深打动我心："世界上所有高尚者的行为追求和道德规范，其实都已全部包括在佛教的无上菩提心之中了。所以那些追求品行高洁的人士，只要能以佛法来严格要求自己、以无上菩提心的正知正念来观照反省自己，如此为人与做事，则他最终不但能拥有人间最高尚的道德品质，而且也能证得最殊胜的出世间境界，成就生命最究竟的觉悟状态。"

这番话最打动我的地方就在于，它指出了人生的最高理想：以佛法为依托与指引，去达到生命的觉悟。经历了世间愿望一个又一个的确立、实现，你会发现它们并不能被称为"理想"，而只能叫作"欲望"。因为它们无法让人觉悟，却会让人在一个又一个旋涡里，被名利牵向无底的深潭，离最初的本性、最终的解脱越来越远。

于是一个新的理想就此诞生，我准备用一生的行持去实现它：把握生命的本质，驾驭它，最终达至任运无为、纵横潇洒的境界。达成这一目标的唯一途径，便是在自利利他的菩提大道上精进不懈。

很自然的，我就想去喇荣五明佛学院。因为到目前为止，我的所有学佛经历基本上还停留在自学阶段。父母不答应我的要求，为了留住我的心，他们居然拼命给我找起了男朋友。在这一过程中，我再次对世间法生起了强烈的出离之意。他们本想以儿女情长挽留我，却不知这样反倒促成了我的佛学院之行。

记得当时曾听到父母与"媒婆"的一次对话,让我大惑不解的是,父母竟与"媒婆"将我与那位尚未见面的"男主角"的各项条件——对应:我是大本,他也是大本;我月收入千余元,他也同样,甚至比我更高;我个头不矮,他也一米七五;我家庭无甚负担,他亦是独子;我的年龄不小了,他也不是青春年少;我家有多少间房,他家的院子有多少平方米……

不过,短暂的不解过后,我马上就明白,如果不逃出这段婚姻,我将和绝大多数自认为婚姻自主、美满的男人女人一样,投入婚姻的买卖关系中去。在世俗中,男女双方如果没有衡量对方的各项条件,这样的婚姻几乎就不叫婚姻了。

尽管人们给爱情披上了可能是世间最温情脉脉的面纱,但一旦深入它的本质就不难发现,不考虑任何条件的婚姻,从古至今都未曾有过。谁不是把自己、对方、双方的家庭以及各项相关条件,全数放在天平上衡量计较,才最终定夺这场婚姻关系。这不是商品,又是什么?不是交换,又是什么?

我不否认人类情感的真挚与伟大,但在一个以自我为中心,以我执为基础的人际关系中,在一个越来越现代化、"文明"程度越来越高的社会里,在一个异化、物化日益加重的环境中,会不会有一天,爱情将堕落为仅仅是肉体的交换,或者所谓优势互补的利用?

算了,把这一切全都抛诸脑后吧,到佛学院去,重新开辟自由生命的新天地。就这样我来到了佛学院,在闻思了法王如意宝的甚深教言后，不久就在这里出家了。

路是自己选择的，就像没有人可以把理想强加在我头上一样。尽管我很弱小，但有了佛法的信仰，我觉得自己无比坚强。没有任何人、没有任何势力可以再左右我的命运。

仔细想想，人们都说最难战胜的是自己，这话一点都不假。当有一天我们认清了自己，也认清了宇宙人生的真相，这句话的正确性就更可见一斑。那时你是继续昏沉下去，还是继续自我欺骗下去，还是起而与自己做一场最艰苦、但绝对是最有意义的斗争？

没有智慧、没有力量、没有勇气的人，可能都会选择闭起眼睛、塞住耳朵的生活。更何况当今社会，还有太多太多的人根本就没有能力认清自己。不管你是亿万富翁，还是科学权威，不了解生命本质的生存，都只是无意义的虚掷时光。

站在喇荣的神山上，望着广阔无垠的天地，我经常在想：人生就是一曲奋斗的乐章，我们用努力染红一个又一个落日，又用生命迎来一轮又一轮朝阳。不知道死亡什么时候降临，但心中已有了终极的理想，又日日前行在实现目标的大路上，我将无惧任何无常的阴影。

有志者即使是在黄昏里，心间也会洋溢着希望的晨光。

圆吉叙述了她的理想与生活。其实这些经历她不说我也大体知道。她算得上是这里汉僧中的老修行了，刚来时还曾当过管家。我们接触的机会比较多，时间也比较长。佛学院年复一年的闻思修，让她的正知正见日趋稳固。

当很多人在舍弃自己曾经有过的正见时，关于人生、佛法的定解更显得弥足珍贵。如果只知随顺世间的风向，或者三天两头更换上师、改变见解，这样的修行人肯定无法得到佛法的究竟利益。

记得有一次在课堂上，我曾对四众弟子说："钱包、身份证等东西丢了，并不值得可惜。把正知正见丢了，才是最大的损失，因为你的慧命可能就此消失了。"

当时有位道友，回到欧洲后曾向人广为宣讲这句话。作为一名凡夫的语言，到处被引用并不值得骄傲，但他给我提供了一点信息："学佛首重知见正。"这一看法，能引起许多求道者的共鸣。

人们常说"十年窗下无人问，一举成名天下知"，我想圆吉的精进闻思修也快近十年了。如果她能持久保有对佛法的正见，日后回到汉地弘法，一定能济民利生。所有希求续佛慧命、自利利他的行者，都应牢记"护持正见"这个首要条件。

> 我学会了打麻将、打纸牌等各种赌博方式，
>
> 日夜狂赌，拿青春做赌注。
>
> 在百无聊赖中，过着行尸走肉般的生活。
>
> 我不想再游戏人生。

人生苦短，及时行善

圆色来见我时，泪水就像断了线的珠子一样簌簌落下。

我安慰他道："怎么了？你哭什么？"

他呜咽道："上师，我骑摩托车，走了十三天，跋涉了两千五百六十公里来到这里，就是想剃度出家，请上师摄受我。"

如今的圆色已是个沙弥了，从受沙弥戒后有好长时间没来找过我。当初他说自己从行尸走肉般的世间生活中逃到这里，如今的他又有了怎样的领悟？刚好有一天在路上碰见，我便问起他出家的一些情况。

他讲了很多，这是一个典型的浪子回头的故事。

首先，我算不上是一个真正的知识分子，只不过由于姐姐的关系，曾到山西某党校进修过三年经济管理学，这才算是有了一个大专文凭。

提起出家学佛，也许有人会问："你生活不如意吗？你失恋了吗，还是受到了什么打击？"其实我的出家并非生活所迫，实际上，我自有我的人生轨迹，自有对选择人生道路的认识。

出家之前，我有过一个温暖的家，妻子贤惠美丽，女儿也乖巧可爱。虽免不了为一些小事和妻子吵吵闹闹，但习惯之后反而觉得那是一种情趣。七岁的女儿更是可爱非常，心烦的时候，只要她一出现，烦恼就一下子全变成了快乐，消失得无影无踪。

工作上，我在现代化的操作室中，干着几乎不费任何体力的活，舒适优雅的工作环境及每月可观的收入也曾令外人十分羡慕。可能我还是有点福报吧，父亲给我留下的一点遗产已使我提前加入到富人的行列中。

从以上各方面来衡量，我的条件应该算是不错吧。对于一个知足的人来说，这样的生活不是很令人满意吗？

是的，物质上确实是令人满足了，可精神上呢？假设一个人的物质条件很富足，却没有精神上的解脱烦恼的方法，这个人一定会很快感到生活的空虚无奈，他必定会去寻找各种各样的刺激，以弥补心灵的空缺。我就是这样的人。

在没有接触佛法时，我就像站在人生的十字街头，不知该往哪个方向走，经常盲目地随波逐流，以致走了很多冤枉路。

后来，当佛法的光辉开始在心中闪耀，我才从迷惘中惊醒，真正走上一条光明之路。这其中的缘由还得从头说起。

在当今这个瞬息万变的社会里，心中如果没有一个生活的目标，势必会被社会的浪涛淹没。在我的工作环境中，到处充斥着邪淫、放荡，人们对此不以为耻、反以为荣。如果谁又有了一段"新奇经历"，这足以成为他向伙伴们炫耀的资本。每天闲谈的话题，不外乎是：这个女人怎样，那个女人如何；今天吃什么，明天吃什么；你吃过猫、鼠没有；你知道什么是太监吗？……

整天在一大堆粗俗下流的胡扯中，我和周围的同事们麻木而又本能地以寻求各种低级刺激来消磨时光。至于歌厅、舞厅、桑拿浴室、按摩房，那里面的东西就更不能用言辞来描述了。

在这样的大环境下，本来就心灵空虚、躁动不安的我，不可避免地受到很大的污染。以我当时的认识水平来看，觉得人生在世还能有些什么作为呢，不就是吃喝玩乐吗？

我学会了打麻将、打纸牌等各种赌博方式，日夜狂赌，拿青春做赌注；为了寻求生理刺激，过把纵欲瘾，我和狐朋狗友经常聚会，看黄色录像、听靡靡之音；为了麻醉自己，逃避清醒时必会感受到的无聊，我常常酗酒肇事、不知节制；出于一种愚昧的个人英雄主义思想，我还经常打架斗殴，为朋友两肋插刀……

看到这里，每个人都会觉得我很坏，可是一个没有人生方向的人，你又指望他能做出什么样的高尚举动呢？我当时也很讨厌自己，对生活感到厌倦不堪，却又不知如何摆脱，在百无聊赖中，过着行尸走肉般的生活。

现在的我常常会想到，佛法真是不可思议。即使是在众生隔着厚厚的壁障时，佛陀的慈光也从没有远离过他们；而当众生的因缘具足时，佛光则一定会在他们身上显现。

或许是我的宿世善根成熟，有一天，当我无聊至极时，忽然想起前几天一位老友送给我的两本佛学书，于是便顺手拿起乱翻起来。谁料不知不觉地，我就被书中的内容深深吸引。一口气读完，我如梦方醒。原来人生还有如此有意义的一面；原来生命可以永远延续；原来人有前生后世、因果报应；原来得到人身如此不易……

同时我也醒悟到：世间教育灌输的观念，诸如"人死如灯灭""佛法是封建迷信"歪曲了佛法真理。我不禁为自己昔日的荒唐行为深感懊恼，重新做人的念头在心中猛烈地激荡着。我马上停止了与那些庸俗之人的交往，一改往日放荡的生活习惯，开始了依佛学法的新生活。

虽然我不明事理、稀里糊涂，所幸个性还比较刚强，一旦认准的事情，都会当机立断地付诸实施。以前是用这种快刀斩乱麻的性格干坏事，现在已然知道了是非对错，也能用这样的性格痛改前非。

后来，参加佛学会、参加寺庙的法会、看佛书便成了我生活的主要内容。每天都励力改正自己的毛病习气，忏悔罪障。在佛法的照耀中，我的人生重又焕发了光彩。人们被生活的表面风光蒙蔽，往往忽视生命现象中最真实的一面——苦空无常。佛陀虽已深刻地揭示了这个本性，世人却将之斥为迷信，这是多么可悲可叹。

在对佛法的体悟上，虽然我对甚深的般若法门领会不深，对佛法最基本的理念——人生无常，却有深深的体会。学佛不久，工厂里就发生了几起伤亡事故，让我大受震动，意识到自己和众生实际上都处于无处不在的无常阴云中。

第一件事是张兵的触电死亡。在一次对现场事故的抢修中，好心的起重工张兵本想帮助电焊工拉线，不幸却在此刻降临：他被安全电流击中，当场死亡，死时年仅二十五岁。再过几天就是他结婚成家的大喜日子，谁能料到，一个性格开朗、健谈快乐的男孩就这样离开了人世。

第二起工伤事故更让人惨不忍睹。在炼钢厂钢炉前，一名加料工开着料车驶至加料口。当炉口向他倾斜过来时，他启动按钮向炉中加料。突然，伴随着一声不大的响声，一团红色火球从炉内喷射而出。炉前的他顿时变成可怕的火人。后来他被送进医院，花了近四万元医疗费后，勉强保住了性命。医生给他身上百分之七十的部位都移植了猪皮，凡是前去探视过的人都说，他的形象简直跟恶鬼差不多。

还有许多诸如被钢罐砸成肉饼等的惨案，这些事故如果不是亲眼看见或经正式文件传达，谁肯相信？谁又能接受？可这些全都是确凿无疑的事实。在各大钢铁企业的安全档案中，此类事故也是不胜枚举。

　　我还记得有这么一个被水淹死的男孩，当时他才十九岁。高考结束后，这个孩子从山东去太原姥姥家玩。一天，他和邻家孩子到池塘游泳，当他一个猛子扎进水里时，却一头扎进了一个圆口朝上的钢管中，再也动弹不得……死讯传来时，姥姥刚接到他被某名牌大学录取的通知书。

　　人生有时真是太残酷了，残酷得让人难以接受。很多身边的朋友就是在那些飞来横祸中失去了生命，这怎能不让人感慨人生无常？也许有人会说：这些都是偶然，那种不幸发生在我身上的概率是微乎其微的，何必杞人忧天？如果你这样认为，说明你已忽视了生命最基本的规律。

　　在每个人的心识田中都蕴含着无数的幸与不幸的种子，当幸运的种子成熟，你会有很好的运气，一切安然，但当不幸的种子成熟，你能如何应对？有智慧的人通过对人生方方面面的观察后，一定会得出"人身难得，寿命无常"的正知正见，并以勤行善法来改变命运，创造美好的人生。

　　在我短暂的人生旅途中，也曾经历了很多险难，诸如被水淹、被车撞、从高空跌落等，但每次都大难不死。这使我在庆幸之余，更加感到生命的宝贵。于是我不再游戏人生，不再将暇满难得的人身耗费在对今生后世都无意义的放荡行为中，而是依照佛陀的教诲，向菩提大道迈进。

　　闻思了一段时间的佛法后，1994年夏天，在一个阳光明媚的日子里，我在一个著名的寺院里求受了三皈依戒，正式成为一名佛教居士。

随后的学佛日子里，我深深感到，修行并不是一件简简单单的事情，并不是磕几个头、看几本书就能与佛法相应。学佛是一个修心的过程，是将一个人内心中许许多多的非理作意纠正的过程。可是，多生以来，无边的迷乱烦恼已使人的内心世界变得十分复杂，若没有上师三宝的加持，仅靠自力，想澄清心源、显发佛性实在是太过困难。

尤其是在家学佛，更有诸多不便。一是很难遇上真正的大善知识，二是周围的不良风气、恶劣环境时时都会染浊初学者的内心。刚刚得到的一点正知正见还没来得及安住，就会被外境所转，消失不见。对在家学佛所面临的种种困难，我既感无奈又觉痛苦，不知如何是好。

一个偶然的机会，我遇上了一位出家人。交谈中他告诉我："如果想真心学佛，就必须离开家乡，到远方的寂静之处，依止具德大善知识、精进修行，才会有所成就。"他的话对我震动很大。经过长时间的深思熟虑，我终于下定决心：出家，到远方去，依止大善知识去。

当我听说雪域喇荣有殊胜的上师时，便骑了一辆摩托车，向心中的圣地——喇荣五明佛学院飞奔而去。

终于见到上师了，激动万分的我怎么也止不住汩汩流淌的泪水。一个孤苦伶仃的游子，今天终于回到上师三宝的怀抱，并将开启佛法修行的新篇章，这怎能不令人激动？

在上师的慈悲关怀下，不久，我便披上了袈裟。

现在，我过着安详而平静的修行生活。每天精进闻思修法，智慧越来越增上，心灵也越来越充实与清明，对未来的路更是信心满满：我将在上师的教导下，勇敢地走完那伟大的菩提道。

受社会环境的影响，心中没有定解的圆色也曾走过一段弯路，给自己的人生履历留下了不光彩的一笔。但幸好，他已从颓靡的状态中走出，趋入了佛法正道。

圆色的沉浮经历总让我联想到其他的知识分子，那些所谓有知识、有文化的人，会不会也像圆色那样沉沦在生活的底层而无力自拔？

记得我在学校读书时，也曾遇到过不少优秀的同学。他们人格高尚、学习努力、上进心强，可一旦走上工作岗位，不良风气的雾霾就会渐渐吞没他们的良心。原来那些美好的品质被庸俗污秽的心态取代，知识分子起码的道德涵养消失殆尽，甚至为一己之私身陷牢狱。他们的堕落令人深思：难道社会的发展要以人性的扭曲为代价吗？

内心深处总是闪耀着一个希望：愿知识分子们都能吸收真正有价值的智慧蜂蜜，度过有意义的人生。

没什么
放不下

——

总有一条路，值得你风尘仆仆

托尔斯泰对社会、人性的剖析深入骨髓，

却又没有最终答案。我无所适从，

怀疑什么才是真实的人生。

大姐丢来一句："你中毒了。"

有毒的不是理想，是对理想的恐惧

这个社会充斥着千姿百态的芸芸众生，每个人都在为了"理想"奔波。

凡庸之辈热衷于吃喝玩乐，在浑浑噩噩中挥霍人生；有才华、有胆识的人则在寻找生命的终极意义。而现实生活中，低级趣味往往比崇高理想更容易实现。

所以不能只有一腔探寻真理的热情，还应该具备公正的态度、持久的耐心，更为重要的，是真实智慧的指引。这正是圆洛一直想给周围人们的由衷建议。

圆洛入藏已经多年。在这之前，他曾经尝试了各种方法来探索人生真谛。西方哲学、孔孟老庄……一连串审慎的观察、取舍后，他最终选择深入佛法的智慧海洋。

印象最深的，是他眼目中的睿智光芒。这一线智光，从他的一篇关于理想的小学作文开始，闪耀至今。

思索人生，记得最早是从小学作文《我的理想》开始的。

这个题目让那时的我思绪万千，工人、农民、解放军、科学家……这些形象一个个浮现在大脑中，又被我一个个过滤掉。尽管后来作文得了个"优"，不解的我依然打破砂锅地向老师提问：人活着到底为了什么？

老师把眼睛睁得大大地俯视着我，诧异的目光仿佛在说：这么小的男孩怎么会有这么大的问题？不过，她还是在课堂上表扬了我，说我是个"爱思索问题的同学"。

又过了几年，我十三岁，暑假没事便到大姐家玩。等大姐上班后，我突然发现她家居然有那么多的藏书，尤其让人想不到的是，书柜上赫然摆着一套《列夫·托尔斯泰全集》。我如饥似渴地翻看起来：《战争与和平》展示了漫漫的历史画卷；《安娜·卡列尼娜》里的情感世界诡谲多变；《复活》的男主人公生活在怎样的一个忏悔与尴尬的两难处境中……

托尔斯泰对社会、人性的剖析深入骨髓，却又没有最终答案。我无所适从，怀疑什么才是真实的人生。当我向大姐提出一系列关于生命的困惑和思考时，大姐丢来一句："你中毒了。"

中毒就中毒吧。随着年龄的增长，我依然持续着对儿时疑问的探索。上大学后，我的思索渐渐变成一种执拗的对生存本质的质疑——对所谓正统说教下的硬性定义不可遏制的怀疑。好友们知道我喜欢探讨人生意义，就都奉劝我："何必那么累呢？人活着能有好的工作、好的伴侣不就行了吗？"

我却不甘就此罢休。我对身边的同事、亲友、认识与不认识的人，做了一次小型的社会调查，让对方用一句话概括人活着是为了什么。后来大致得到了二十几种答案：为了国家、为了社会、为了爱、为了孩子、为了人类的繁衍、为了钱、为了父母、为了地位、为了天伦之乐、为了活着而活着……

但再深究下去，我发现在所有美好或不美好、高尚或不高尚的言辞背后，都浸透着两个字：伤害。因为几乎没有一个人能自由地、随心所欲地生活。为了生活，为了活得更好，人一生都要进行永无休止的伤害行为：伤害自己的天性、尊严、自由以迎合社会；伤害别人的时间、权利、辛劳来成全自己……

既然在现实生活中寻求不到答案，我便又跑到西方哲理中去寻找。但大多数西方哲人的理论都让我感觉莫名其妙——不是以偏概全，便是管中窥豹；不是执著于物质，便是推崇精神。直觉告诉我，真相应该不在这些理论当中。

可能跟我俗姓孟有关吧，西方思潮难以解答困惑，我就一头扎进"孔孟之道"中，希望从老祖宗那里得到些什么。于是有一阵子便整天将"子曰""子曰"充斥于胸，抑扬道来，倒也不乏耐人回味之处。加上当时社会提倡"奉献"精神，我想儒家教育我们牺牲"小我"成全"大我"，对社会、团体、父母尽职、尽责、尽孝的言行，正是体现了"奉献"之本怀。

我开始在助人为乐的圈子中寻求自我价值，寻求"一以贯之"之道……但有一天，我忽然问自己：何为顺应天道？天道如果是真理，我为何却成了真理的奴隶？我为什么不能发现真理、实践真理，并最终向世界宣示真理？

接下来，我又把目光转向了老庄。"结庐在人境，而无车马喧。问君何能尔，心远地自偏。采菊东篱下，悠然见南山。山气日夕佳，飞鸟相与还。此中有真意，欲辨已忘言。"——陶渊明的话总是切中我的心怀。

在对隐士生活和神仙道家产生兴趣后，《道藏精华录》等就自然摆在了我的案前。但看了一阵后，又觉得不论符咒还是炼丹，大抵不出术数范围。于是开始追根溯源，抱着《道德经》《周易参同契》体味不已。

当时从京城白云观到成都青城山，我常常慕寻道长，祈请他们赐教一二。"吾命在吾不在天"之理确实让我潇洒自在了许多。自认为长生不老非我所求，返璞归真当是所愿，大道无为该是何等自在景观。

但当妄念纷飞时，"替天行道"便再也不能让我神游无极了。天即真理，我为何一到世俗生活中时，便如同臣属，终不能摆脱纸上谈兵的局限而实证这天、这道？如果动辄妄言"长生不老""成仙成道"，这"道"恐怕当有所终极而非圆满永恒吧……

我又遇到了与学儒时同样的困惑，此心茫然而不知所栖。

儒道都已涉足，只剩下佛家。但当时我对佛家的理论却一点也不想深入，只因素来受正统教育，对和尚无甚好感：三个和尚没水吃——真是"一群寄生虫"（谁知道没隔几年，我也成了这些"寄生虫"中的一条小虫虫）。我宁肯去涉足气功领域，但转了几个圈后，发现大多数所谓的功法传人无非是把道家理论稀释一下而已，于生死又有何益？

怎么办？没什么可"办"的，那就继续迷茫吧……

大学毕业后我被分到一家出版社，每天上班时都要路过西四街口的广济寺。就这样路过了几年也压根儿没想去寺里看看。一个星期天，闲来无事，索性进去瞧个热闹，刚好碰到和尚们在诵经持咒。男女在家二众分立两旁，经咒声随着鼓、鱼、磬高低起伏，我也入乡随俗站在了男信众之中。正在翘首东张西望时，后腰被人捅了一下，一个声音警告道："老实点，心要诚。"我忙向旁边看去，只见他们大都恭敬合掌、仪态安然、双目垂视，我便也煞有介事地闭起眼睛念诵起来。

意想不到的是，刚刚闭上眼睛、稍微反观自心，眼泪便夺眶而出，一种不可言喻的安详顿时遍布全身。我有些不好意思，一个大男人在大庭广众之下莫名其妙地掉泪，也有点太挂不住面子了。想到这儿，我便连忙擦去了泪水。看看左右，幸好他们都在闭目轻诵，没人注意我。倒是心里一直在犯嘀咕：为什么我会欣喜而泣呢？这阵子并没有什么令我大喜大忧的事发生，哪里来的这些泪水？哪里来的这么强烈的欢喜？难道释迦牟尼佛真是一个无形的大气功师，随便就能让人生起喜怒哀乐？不行，我得再试试。

再次把双目垂下，静心内观。天哪，泪水就像断了线的珍珠，怎么挡也挡不住。如同浪子回到阔别已久的家，如此踏实，如此安然……我在心里抗拒着：该不会是神经质吧？但感觉告诉我，这一切都是那么的真实。

再次擦去泪水，再度进入那种境界，难言的愉悦便再次从心底涌出。算了，就让这泪水汩汩地流吧……终于，法会散了，我的身心内外有一种重生的感觉。我问旁边的人："这是什么法会？"一位老者告诉我："这是纪念释迦牟尼佛出家的法会。"一听到"出家"二字，不知哪里来的一股汹涌澎湃的力量，竟促使我产生了一个强烈的心念：我也要出家！

但是马上就有另外一股力量在内心强辩：为什么要出家？两股力量交锋的结果，便是推动我从此开始了学佛生涯。我第一次跟人到了北京居士林，怀着忐忑不安的心情请回了几本书：《维摩诘所说经》《金刚经》和《往生论》。回到家中秉烛夜读，方觉一切疑惑如冰释融，畅快平生。那一年，我二十三岁。

后来再比照佛教经论，我便越发感觉到，科学真像一个在海边捡贝壳的孩子，尽管偶尔能捡到宝贝。比如科学于微观世界探究到的最基本的物质组成基质，还尚未达到佛法小乘之"无方微尘"的理论高度，遑论大乘。更重要的是，现今整个世界所关注的，都是如何提升物质生活质量，经济活动也只是人类生存发展的外部条件之一。关于生命的本质，靠显微镜、靠航天飞机又如何能推究得出来？

在此不赘述自己对人生意义的思考，我只想告诉大家：从二十四岁出家至今，十年的修行生活已让我确信——佛法是解脱生命之灯、点燃众生慧命之火。虽然儒道二家也是度生的权巧方便，但唯有佛法才无所不包、无所不明。每一个人亲知亲证，都能达至生命的圆满永恒。

圆洛曾希图在各种善说中把握自己的命运，但最终还是选择把一生安住于佛法大义之中。看过圆洛的经历，无论你是佛教徒还是非佛教徒，都希望能思考一下，短暂的人生过后是否真的人去楼空？

越来越多的科学家已认同佛教的说法：这一世的死亡过后，还有遥遥无期的轮回。除非早日了生脱死，否则将在六道中头出头没，永无出期。只要明白了这一点，你必定会加快脚步踏上解脱的正道，必定会精进寻求驶向彼岸之舟。那时，你对佛法所宣讲的生命科学和世间科学都会产生浓厚的兴趣。

记得沈家祯博士曾说："我本人是科学家，对科学很感兴趣，我对佛法同样感兴趣，我个人认为佛法与科学是一而二、二而一的。"既然如此，如果你相信世间科学，又有什么理由不相信佛法这门科学？

想要参透生死的人们，不妨以圆洛为鉴，对此勉力思维。

锁链可以锁住身体，却如何锁住人心？

失去人心，法律的天平也永不可能公正。

一个没有痛苦和不幸的极乐国土，

本就在我们的心间。

越过十万亿佛土，还是在你心里

2000年年末，佛学院举行汉僧七部大论的结业考试。一千余名汉族四众弟子中，圆界以一百分的成绩毋庸置疑地获得了最高奖项。

单从外表，你可能看不出她身上的知识分子味儿：永远那么朴素，永远一副苦行僧的神情。但她有着扎实的闻思和成熟的智慧。她还精通世间的技艺，有一段时间给众人做饭，她娴熟异常的刀功与做菜技巧让大家叹为观止。

这位曾经的政治爱好者，在无数次苦闷的寻觅之后，终于将目标锁定了深邃的佛法。不为个人的享乐，但求世道人心的太平。这正是中国知识分子"修身、齐家、治国、平天下"的心路缩影。

　　我于1971年出生，今年刚好三十岁整。而立之年，回顾自己学佛的历程，我想说如果没有佛法，恐怕我永远也不会有真正"立"起来的时候。

　　记得1989年考入四川师范学院政治系后，大一、大二我基本上是在与好友泡茶园中度过的。后两年才痛感虚度光阴、毫无所获，便一头扎在图书馆里开始潜心钻研。

　　那阵子，举国上下一派经济腾飞的景象。原本想在书山文海里探出一条明达世事、洞悉人生的通天大路，但两年的秉烛夜读，却让我对书本上的答案越发疑惑。百思不解中，我从书堆里抬起头。这一抬头不要紧，困惑的我很快被书斋外汹涌的经济浪潮席卷而去。

　　也曾想在经济大潮中当一回弄潮儿，结果钻进孔方兄的小眼睛后，见到的金钱风光却让我感到大煞风景。亲戚家的几个姐妹合股开公司，原想利益均沾，却因为收入分配问题，亲姊妹反目成仇，只好散伙而去，真应验了"亲兄弟明算账"那句老话。

　　我这个人倒还有个长处，相同的错误不愿再犯第二次。通过这场经济纠纷，我隐约明白了金钱的魔力：钱可以让你六亲不认、发疯发狂。但金钱真能带给人安乐吗？眼见周围的许多人在经历了苦难和贫穷之后，终于腰包渐鼓，但一旦陷入金钱的魔力磁场，却欲罢不能，只能加快对财富的聚敛与贪婪。

为了赚钱坑蒙拐骗，赚了钱则不离吃喝嫖赌。已致富、未致富的人们，大都"端起碗吃肉，放下碗骂娘"。在欲壑难填的贪心里，我终于看到：仅仅依靠物质的富庶，不可能消除精神的贫困；把幸福和安宁的赌注全部押在金钱上，未必就能如愿以偿。

带着这样的领悟与更多的疑惑，1993年毕业后，我来到垫江县中学当起了一名政治教师，前后共达五年。尽管放弃了建购别墅、添置名车的美梦，我仍对这个社会充满探究的热望，于是选择了人大法学院的民法专业作为考研目标。

小小的垫江县中学又怎能让我施展对未来社会的种种宏观构想。我想以法制来约束人们过分贪婪的欲望，制衡社会方方面面的关系，强行把不规范、混乱、疯狂、不均等病态的现象扭转过来，使人类社会在法的阳光下健康成长。然而在北京备考时，遇到的好几起上访事件却让我的热望很快熄灭。

首先，我感到依法治国在一个"人治"观念根深蒂固的国度里会受到种种挑战乃至扭曲；其次，社会上存在的不公与强权已远远超出了我的想象。我认识到自己的幼稚，法制如果不以一种文化心理作为底蕴，就只能从表面上调控人的行为，无法指望它实现社会人心的长治久安。就像锁链可以锁住身体，却如何锁住人心？

我们的文化脊梁、精神品性又在哪里？什么又是扭转人心的内在驱动力？我仿佛看到人生之海上，很多小舟在随波沉浮，金钱和物欲的巨浪席卷而来，指路的灯塔却在风雨中飘摇。

　　苦闷中，无意间看到了一位明朝理学家对佛门的赞叹："三代礼乐，尽在丛林中矣。"一句话把我的思路引向了佛学，我开始留意起从未关注过的佛教世界。

　　记得有一回，去一座小庙消夏，正逢一位老尼师圆寂。当她的遗像挂出时，我惊讶至极：那是一位秀丽的年轻女子，含笑的双眸写满温柔与慈爱。再对照眼前这个眼眶凹陷、牙齿脱落、永远也不会醒来的老人，我怎么也不能把二者联系起来。

　　一瞬间我想到了自己：现在穿着高跟鞋，相貌也还算年轻，但连衣裙里的身躯会不会最终也像这位老人那样干瘪、枯竭？答案是肯定的，深切的感伤和失落袭上心头，但这就是事实，我终将成为过去。一刹那间，我想到了郭沫若笔下火中的凤凰，它涅槃后获得了永生。我的生命是否也能如它那般永生不灭？

　　从此，我更加专心向佛法里寻找生命不灭的支柱。一次游五台山，偶遇一师，他告诉我："世间幻化之事幻生幻灭，寻之如逐水中月影，终究了不可得。唯佛陀宣示万法唯心，能识取自心自可了知。不过，这世间又有几人知道，一切都是心的幻化？又有几人知道，此心原本无有任何造作、无生无灭？又有几人能像佛陀那样，生生世世以生命为代价，向心的本性回归挺进？又有几人能像佛陀一般大悲心切，无处无时不现身为你照破无明？"

　　我言下有省，更坚定了参学的信念。就好像一层窗户纸已明现于日头光影之中，就差一拳捅破、打开自性壁垒了。

听人介绍了喇荣圣地，来到佛学院后，方知所闻不虚。系统地闻思修后，才感到佛法"止于至善"。博大精深的思想体系，追求完美、弃恶从善的道德观念，如法修行后不可思议的神通自在，乃至祛除身体的疾病等，都不足以说明佛法的全部。佛法的精髓在于：以五明解释并涵盖现代科学、哲学的研究成果，尤其对心的见解与实证更是让现有的科学、哲学体系望尘莫及。

大脑黑箱一直是哲学家们困惑不已的谜，而佛陀在彻证了心的本性后，就已圆满解决了这个问题。空性中显现一切，一切又都化归于空性。佛陀就这样揭示了世界的真相，他说：一个没有痛苦和不幸的极乐国土，本就在我们的心间。

回想过去，总会忍不住一声叹息。在川师的图书馆里泡了两年，为什么就没有留意佛法？工作了五年居然没有看过一本佛学书籍。只能把一切都归之于因缘，就像因缘又让我最终遇到了佛法一样。

对金钱的追逐，让我闻到了一丝铜臭气；法治的无力则让我感受到失去人心，法律的天平不可能公正。只有在佛教的世界里，我才头一次见识到能消除一切困惑的智慧。这种智慧源于每个人的内心，而爱心则是它最肥沃的土壤。但太多的人看不到它的枝繁叶茂，更看不到它的累累硕果，因为被外物蒙蔽了智慧的眼睛。

得出这些定解后，2001年6月，我下定决心出家修道。记得那天的天气并不晴朗，但我的心充满阳光——这一剃度不知剃掉多少烦恼与业障，从此我可以轻装前行在菩提道上。

学佛之路才刚刚起步，但我相信后面的路会越走越宽阔、越走越光明。

圆界从一个想以法律建设美好社会的政治爱好者，转而成为一个认定世出世间唯有佛法才是最有意义、最值得为之献身的出家人，其中缘由已在上文和盘托出了。这样的出家之路，是否仍如某些人所认为的那样，是"不可思议""不可理喻"呢？

世间的许多政治风云人物，也从各自的人生经验中得出过大致相同的对社会人生的看法，比如清末著名爱国政治家林则徐，在《十无益》中就这样说过："存心不善，风水无益……为富不仁，积聚无益……"而这"存心"之善恶、"为富"之仁与不仁，并非一种政治体制或法律规则所能强行决定与扭转的。所谓的天时地利、物质积累，若没有人心的建设相配套，都不会对伦理道德与精神生活产生决定性的正面影响。

世道存乎人心，佛法则是最好的调心法门。

在火车上站了近两天两夜后，

又连夜赶乘颠簸摇晃的长途班车。

吃方便面，住最便宜的旅店，一路风尘仆仆，

几乎身无分文……这是我苦苦追寻数十年的光明之路。

总有一条路，值得你风尘仆仆

圆得就住在离我很近的地方，每次回家我都要路过他门口。

有时我会好奇地驻足，"偷听"一会儿他房里的动静。欣慰的是，每次听到的要么是他在念经或持诵咒语，要么就是和一两个小和尚辩经。继续"偷窥"下去，发现他除了做饭以外，时间基本上都花在了参禅打坐或闻思经论上。

日子久了，我对他的精进闻思修产生了非常大的好感，如果他能这样坚持下去，说不定一块弘法利生的璞玉就此诞生。听说他在广西大学时也是位学生"名人"，不仅学习成绩一流，在各项社会活动中都曾经

出类拔萃。

在世间风光无限的人，会有怎样的出家经历？趁着打水路过他家，我迈进了他的小木屋。当时他正在做晚饭，看到我来急忙邀请我"共餐"。我笑着说："不用了，就讲讲你的出家经历吧，这精神食粮我更需要。"

圆得说，几十年不安分的追寻，源于心中对真理无法遏止的热望。

以下的文字，是他为我们精心准备的"晚餐"。

我的俗名叫雷斌，2000年在佛学院出家后取法名圆得。对于我的出家，包括哥哥在内的所有熟悉我的亲友都非常吃惊，大惑不解："他为什么突然出家？真是不可思议。"在世间人看来，一个走投无路的人出家很正常，但一个学业有成、积极进取、生活美满的人出家，只有可能是大脑出了问题。

到底是谁的大脑出了问题？

记得小时候在与伙伴们玩耍时，我就经常爱刨根问底："宇宙到底有多大？它有没有开端和结局？""最小的物质是什么？""有没有外星人？""世界上有没有比光速更快的东西？""心到底是什么？"……

同龄人答不上来，大人们也回答不出。等到入了学堂，又向被喻为人类灵魂工程师的老师们逐一请教，他们要么回答不出，要么搪塞了事，又或许会说："这个问题太深奥，就算现在给你解答，你也不懂。等考上大学，你就会明白了。"

等到1993年考入广西大学化工机械与设备专业的大专班时，我终于有机会向学识渊博的教授们请教，然而答案却远远不能满足我等待了近二十年的渴望。比如问到宇宙到底多大，几乎所有教授们的回答都是：宇宙无边无际。理由不外乎是，目前最先进的天文望远镜都观察不出宇宙空间的边际，而可靠的理论依据却拿不出来。

难道用天文望远镜看不到宇宙的边际，就可以推断宇宙无边无际吗？如果是这样，用望远镜、显微镜等看不到香味、声音及心识，就可以认为这些都不存在吗？倒是物理学家法拉第的一句话给了我很大的启示："科学不能完全解释一切事物的本相。"

从小到大，除了对自然现象感兴趣之外，我也一直思考一些社会问题。当"按需分配"这几个字第一次进入我的视野时，我真的很兴奋，以为未来社会的美好蓝图总有一天会实现。等接触社会时日一长，就发现这个蓝图能否实现，实在是让人大感怀疑。

按需分配首先建立在物质生活极其富裕的基础上，但有个成语叫"欲壑难填"，对于一个贪得无厌的人，就算把全世界的财物都给他，他也还会"人心不足蛇吞象"。在贪婪者的眼中，整个世间的财富都是"家天下"的，他如何能坐视自己与他人利益均沾？不从人心改造入手，光是等待精神文明自动随着物质文明的提高而提高，要想实现"按需分配"恐怕是天方夜谭。

我自小就十分推崇的人生理想"为人民服务",随着年岁增长也渐渐失去了它的光彩。越思索越觉得,当服务的对象只涉及"人民",别的物种势必将为人类做出种种"服务",甚至以生命服务于我们的口腹之欲。

从小就希望找到许多问题的答案,并把这种希望寄托在长大、考大学上。但当我终于长大,考上大学,困惑非但没有消除,反而越积越多。当一个人失去了精神支柱,内心深处的恐惧、失落、彷徨与不安是难以想象的。

大学期间,这些问题一直徘徊在我的脑海里,而我不想得过且过、随波逐流。痛苦就痛苦吧!还是要继续踏上追求真理之路,人不应该像猪狗一般活着。于是我几乎所有的时间都泡在图书馆里,试图在书山里找到新的精神支柱。

一个偶然的机会,我遇到了一位比较有名、据说是传授佛家气功的气功师。其超乎寻常的能力和谦逊善良的人格,使我顿生好感与敬佩。跟着他修炼了一段时间,我开始走进佛教、道教、周易中去,以求了解这些现象背后的原因。

我开始反复阅读《楞严经》《金刚经》《心经》《古兰经》《道德经》《论语》《孟子》《周易》等各宗派有代表性的经典。在广泛了解的过程中,我渐渐明白,近年来很多新兴的气功,实际上主要是佛、道及周易中某些片断的衍生物,它们并没有系统周密的教理和教义,大多数"自创"的功法,说穿了不过是气功师"剪刀加糨糊式"地从佛教和道教的修持方法中剪裁拼凑而来，再加上自己的分别念及一些时髦术语，就自诩为第××代传人了。不过我还是很感激我的气功老师，没有这段过渡，我也迈不进佛门。正因为发现了气功的不究竟，才启发我去找寻源头。

再进一步对比其他宗教，别的不说，单从人格而言，大部分宗教所信仰的天神，一发起火来就惩罚匍匐在他们脚下的人类。对比诸佛菩萨的悲心愿力，其差距不可以道里计。如果本着客观的态度，以平和的心自己深入探究，谁都能得出这个结论。

另外，从终极目标而言，其他宗教虽然说法不同，但实质都是希望升天。而在佛教，这只是三乘教法中最基本的人天乘，或是三士道中的下士道。

更让人感动的是，没有一个宗教能像佛教那样，公开宣称信徒与"教主"在本性上无二无别，更不敢宣称信徒们通过返回自性的修行，能达到与"教主"无二无别的境界。像禅宗所说"众生皆有佛性"的这种大平等、大慈悲，在任何标榜善行、博爱的宗教中都了无是处。因为了达空性的般若大智，才能了达真正的诸法平等，也才能达至"同体大悲，无缘大慈"的最究竟处。

翻阅《楞严经》时，看到"观音耳根圆通章"的一段文字："初于闻中，入流亡所，所入既寂……"不禁朗声念诵起来，让我对它的信心又深入了一层。

1994年观音成道日那天，在一座尼姑庵里，我遇到一位皈依多年的女居士。她庄重的举止、文雅的谈吐、调柔的神情，以及用平和、安详的语调流泻出的妙法甘露，深深滋润了我的心田，使我的心从空虚烦闷中得到暂时的解脱。这一偶遇，让我深深体会到了佛法的巨大力量——它能改造一个人，使他的身心从痛苦、烦恼中彻底释放，获得自在与安乐。

不仅如此，它还能使一个修习者自觉或不自觉地去感化周围的人。修行境界愈高，愈能带动更多的众生步入寻求最终解脱的光明之道，而这正是我苦苦追寻了十几年的人生最高目标。

通过反复思维、抉择，我对佛教从内心深处生起了很大的信心，并最终于1995年农历三月二十四日正式皈依三宝，迈出一生中具有决定性意义的一步。

不过这一步迈得却是那样的艰难。每次与家人一起吃饭，全家就会对我的信佛、吃素及放生召开"批斗会"。一次家中杀鸡，我看不下去，上前好言相劝。结果母亲大发雷霆，指着我的鼻子大骂一顿。我却一反常态，一言不发地站在那里默默流泪、默默承受，最后母亲吃惊地望着我放下了手中的刀。要是在以前，我肯定早跟她"大闹天宫"了。我心里明白，佛法已开始渗入我的灵魂，并逐渐地重新塑造我。

在学校，同学们对我的学佛举动最初也是冷嘲不已。有一次我在宿舍盘腿而坐，专心致志地看《金刚经》。两个同学看到后，立刻交头接耳、挤眉弄眼。一个上前说："哎哟，大师，您这是老僧入定——死不出来啊。"另一个则学着我的腔调说："咦，怎么有一股穷酸气？好酸，好臭。"接下来两人一阵爆笑。我缓缓地抬起头，目光慈善柔和，静静地看着他们。过了一会儿，他们闹也闹够了，笑也笑足了，静下来皮笑肉不笑地看着我。当他们的目光与我柔和的目光相遇时，笑容不禁慢慢收敛起来，脸也开始变红了，然后你看看我，我看看你，不好意思地走了。

佛法，只有佛法才能渐渐洗去我暴躁的恶习，调柔我的身心，让我意识到这个世界上根本不存在一个所谓的"我"，那么我的烦恼、我的感受岂不是空中莲花，又有什么好执著？母亲后来评价我说："学佛以前整个是一大闹天宫的小将，学佛后倒像个大善人了。"我希望如此，希望人们看到的是真正佛教徒的行持。

接触佛教久了，发现佛法确实不离世间觉。佛教"五明"之中有所谓工巧明，而我的专业也需要我经常进行一些机械制图。我发现佛像绘画，特别是藏密的唐卡，在严谨的特性上与机械制图很相似。唐卡绘画，对比例有严格的限定，对布局、着色、结构也有明确的规定。

我曾经看过一幅宗喀巴大师像，画像虽不大，但用放大镜看，你会发现，画师在宗大师的眼睛里居然还画有一尊非常精美传神的莲花生大师像。此唐卡无论从布局、比例还是线条、色彩乃至神韵上，都无可挑剔、精微无比，让人赞不绝口、信心顿增。

除了工巧明，还有医方明、声明、因明及内明，无不是在讲解宇宙实相及度化众生的善巧方便，我所理解的只不过是沧海一粟。

我就这样边学佛边读书，边学佛边自我完善。日子久了，越来越体会到，必须要找到根本上师来调教自己，否则自学到一定程度就很难突破，只能故步自封。

在一位居士的来信中，我看到了喇荣五明佛学院法王如意宝的名字，当时就心潮澎湃、激动不已。之后不久，我在梦中出现了前所未有、非常吉祥的梦相。我想这肯定是法王的加持，于是天天盼望着能一睹法王的慈颜。

1995年5月中旬，我毅然奔赴心中日思夜想的圣地——喇荣五明佛学院。瞒着学校、家人，在火车上站了近两天两夜后，又连夜赶乘颠簸摇晃的长途班车。吃方便面，住最便宜的旅店，一路风尘仆仆，几乎身无分文……这是我苦苦追寻数十年的光明之路。

终于，我见到了心目中的圣者——法王如意宝。当时便再也抑制不住自己无比激动的情绪，一下扑到上师跟前，顶礼膜拜。他老人家以无比慈祥的目光望着我，伸出柔和的大手在我头上轻轻地摸顶加持。一种无法言喻的感应让我觉得，我的心与上师的心竟是如此贴近。从此以后，我就成了法王座下一名虔诚的弟子。

从1995年到2000年，这五年我多次往返于家乡与佛学院之间。正如法王如意宝亲口所说的那样："住在喇荣好好闻思修，哪怕只有一天，也比在神山闭关九年的功德还要大。"特别是1998年，在佛学院长住了近一年后，我终于明白了这里为什么要称为喇荣——一到此地即想出家之义。

萌发出家的念头后，1998年一年内，未婚妻两次不远千里乘飞机赶来，声泪俱下地劝我。看着哭成泪人的她，我的心也一阵阵地酸痛，本来准备好要说的许多理由，也不忍心再说出口了。特别是听她说："我们两家的父母，尤其是你外婆，都很挂念你。你走后，她天天拄着拐杖，拖着年迈的身躯在家门口等你，念叨着你的名字，巴望着你回家，想在临终前再见上你一面……"听着听着，我的眼眶也湿润了。想到年迈的父母，想到每次离家，外婆颤巍巍送我到门口，一直到我消失还在那里望着……我的心就一阵阵内疚。事已至此，我也没办法，只好把出家之事缓一缓。

修完五加行，我就跟未婚妻回了趟家。双方家长对我软磨硬泡，不容分说就给我们办了婚事。就这样，我被婚姻的镣铐箍住手脚，这一箍就是一年。

婚后的生活在平淡无聊中悄悄地过去。而外婆和父亲的相继离世更让我对这个尘世生起了坚定的厌离心，我又一次面临何去何从的抉择。怎么办？是继续留在婚姻的围城中，还是突破牢笼回归自我的真实本性？

带着矛盾、苦恼，2000年我又一次去了佛学院。回到佛学院就像回到家一样，在法王前听了《赞戒论》，在其他上师前听了《走向解脱》，又看了玉琳国师与弘一大师的传记，心中再次掀起轩然大波。特别对弘一大师抛家舍业，在名望最盛时毅然落发出家，更是佩服得五体投地。

我开始反思自己迟迟下不了决心的原因。藕益大师说：出家人造业如陆地行船，在家人造业如大海泛舟。《时轮金刚续》中说：密乘比丘为上根，密乘沙弥为中根，密乘居士为下根。显然，不论显密，对出家都极为推崇，而许多年轻居士不肯出家的主要原因，恐怕还是放不下贪欲。但法王如意宝说过：贪欲如盐水，越喝越渴。

反复思考后，终于下定了决心。我再也不要来来回回奔波在佛学院与家乡之间。就把佛学院当作最后的家吧。

出家后，原先的妻子从国外给我写了一封长长的信，我没有回复。在我的沉默当中有对她无尽的祝福——希望她能找到属于自己的真正幸福。

远离了闹市的喧嚣与驳杂，平复了内心的失落与惶恐。在一间小小的板皮房子里，吃着粗茶淡饭，我却享受着世上最美的人生乐趣——在佛法的蓝天下，自由地飞翔。

等圆得讲完他的人生抉择，饭已经完全凉了。一边回味，一边离开他的小木屋。此时的天空正是傍晚的尾声，太阳即将落在西山背后，嗡嗡闹了一天的蜜蜂、蝴蝶也赶着回巢。环视整个喇荣沟，我发现所有的山河大地、房舍人家都披上了一层金黄的妙衣，连人的脸也被夕阳镶上了一层柔和的光晕。

一个小和尚看到我手中的水桶便过来帮忙，等他把水桶放到我屋里的地板上，我发现他的目光正盯着房间的一个角落。顺着他的视线望过去，原来是一个又圆又大的苹果。

　　这个小和尚出家前一直生活在内地的大城市里，来到这寂静的山谷后，恐怕已多日未尝到苹果的滋味了。我连忙微笑着把苹果递到他手里，他立马接过，咬了一大口，脸上挂着抑制不住的欢喜，就这么边吃边走地离开了我的院子……

在染色体的复制过程中，某个碱基因的位置改变，便能导致整个染色体的变化，这被称为"基因突变"。为什么会有这样的突变，人们只能把它归于"偶然"。但，"偶然"又是什么？

不怕打破砂锅，只怕问不到底

想到圆让，就想起去年发生在她身上的那件"悲惨事件"。

当时，她正要开始在佛学院的闻思修生活，家人突然赶来强行将她押送回家。万般无奈中，她流着泪坐进家人包租的小车。当她扶着车门回望佛学院，那个镜头在我心中成为定格——她的脸色煞白，眼里是无尽的留恋与酸楚。

家人气势汹汹地将她推进车里，飞快地驶离佛学院。天上刮着狂风，汽车卷起一股黄尘，迅速消失在茫茫暮色中。

我的心也随着紧揪起来。圆让是一块修法的好坯子，话不多，人很稳重，对修行也比较精进，但她毕竟离"八风吹不动"的定境还相去甚远。这样的人一旦落入城市的滚滚红尘，会不会心随境转，就此湮灭无踪？

好在今年春暖花开时，圆让又出现在了佛学院。一年的磨炼，让她坚强了许多。城市的光怪陆离反而培养出她坚定的出离心。她郑重地向我提出："我要出家。"

推子触到她一头浓密的黑发时，她的嘴唇在微微抖动。我知道她有太多的话要说。

剃发结束，世间从此少了一位困惑的基因学者，多了一位埋首于真理的出家人。她说偶然的背后，一定有着某种必然，就像她此时的选择。

我出生于20世纪70年代初。听妈妈讲，她当初怀上我时，姐姐已快四岁了，爸爸妈妈工作又很忙，如果家里再添一个孩子，只会增加更多的麻烦，所以妈妈不想要我。但有一天，当路过一家铁匠铺门前时，她偶然听到这么一句话："孩子多是好事啊，连打架也多个帮手。"

这话提醒了妈妈，她想：一个孩子多孤单呀，的确也该有个伴儿。于是，由于这次"偶然"事件，姐姐就有了我这个调皮的小妹妹。

作为高级知识分子的父母，对我们姐妹俩的教育非常重视。从小到大，我们都在少儿科技杂志的伴随下成长。家里的收录机、缝纫机、电风扇等所有能拆开的东西，都成了我研究的对象。有时候拆开一次没弄明白，我就会反复拆装几次，所以常常有弄坏东西的时候。每当此时，妈妈总是无奈地唠叨："又自作主张……"爸爸却总是一言不发，笑眯眯地把它们拿出去修理。

家里唯一没让我拆过的东西就是彩电了，因为每天下午六点半的动画片实在太吸引人，我担心万一弄坏了，不但自己看不上电视，连聚到我家的小朋友都会很失望。

我仍能清楚地记得上小学时发生的一件事。那年，班上一位同学的妈妈出车祸死了，老师说，以后同学们要多关心、帮助他。听到这话，我的心猛地一揪，一放学，我就飞也似的跑回家，上气不接下气地把此事报告给正忙着做饭的妈妈。

我伤心地说："他从此就没有了妈妈，要是生病了，谁给他喂饭、擦身呢？他还不到十岁呢，为什么他妈妈会被撞死呢？"妈妈并没停下手中的活，只是叹口气说："偶然的吧，这有什么办法呢？"

听到妈妈的话，我马上号啕大哭起来，这"偶然"真是太可怕了，万一哪天我妈妈也"偶然"死掉了，我该怎么办？这个阴影从此在我幼小的心中挥之不去。

时间过得飞快，不知不觉迎来了高考。我自幼想当医生，本想报考外省一所知名的中医学院，却因低估了三十多分，只填报了本省的医科大学，并最终学了西医。自从踏进校门，我便因清丽脱俗的外表成为众人注目的焦点，在一片恭维声中，我开始尽情享受起绚烂多姿的大学生活。

某堂胚胎学课中，老师详细讲解着人胎的发育过程：由一个受精卵细胞，经过复杂的分化、分裂，最后形成健康的胎儿，其间每一个细微的环节都可能出现异常，从而导致各种先天疾病的发生，所以一个健康的生命是如此来之不易。而在引发疾病的诸多原因中，有一些如服药不当、人为X线照射、母亲的不良生活习惯等都是可以控制的，但像病毒感染（如感冒）、意外接触射线、毒物等是不能预防或控制的。对这类疾病，人类所能想到的最终原因也只能是"偶然性发生"，除此之外，就再也找不到更究竟的答案。

五年的大学生活结束后，我被分配在本市一家医院某科室当大夫。科主任是爱才之人，因我基础扎实又聪明好学，很快就把我提拔成科研活动的骨干，我们在两年中的研究成果还获得了"科技进步奖"。三年后，我决定继续回母校攻读硕士研究生课程。分子生物学是我们的必修课，眼下最热门的"克隆动物技术"就是其下的课题。

现代医学对多种疾病的病理研究已达到了分子水平，尤其是遗传性疾病，大家都知道那多半是由于染色体异常造成的。通过对分子生物学的研究，人们发现，在染色体长长的分子链上，在染色体的复制过程中，某个碱基因的位置改变，便能导致整个染色体的变化，这被称为"基因突变"。为什么会有这样的突变，人们却只能把它归于"偶然"。

但，"偶然"又是什么？

细思考之，个体生命由一个受精卵开始，其成长过程中有多少"偶然"？升学、就职、婚姻，以及牵涉到个人、社会的许多事件，也都掺杂着一个机遇问题。"偶然"对我们的影响是如此重大。有些东西，可以被人们掌握在自己手中，"偶然"却无法被掌控。如果可以选择，谁愿降生在贫苦之家，谁又愿自己天生愚笨、相貌丑陋？究竟是什么力量在决定着这些"偶然"？

正在"踏破铁鞋无觅处"时，终于有一天，我偶然看到了一本佛学书籍。书中谈到的关于地球寿命的计算方法，其结果与现代科学计算出来的数据有着惊人的相似。我大惑不解，佛经是两千多年前由释迦牟尼佛宣说的，而科学家直到公元十几世纪才研究出一个大致轮廓，佛是怎样想到的呢？

佛经中有关于细胞的描述（只是名称不同），而科学家在16世纪发明了显微镜后，才看到细胞的粗略结构，佛又是用什么看到的呢？还有，关于生命及胎儿发育的复杂过程，《阿难入胎经》中竟有着详细的介绍，佛又是从何得知的呢？既然释迦牟尼佛具有如此惊人的智慧，那他一定知道宇宙生命的全部答案，也一定知道为什么会有"偶然"。

我满怀兴趣地进一步研究下去，发现佛教基本的教理就是因果和轮回。简言之，因果就是"善有善报，恶有恶报"；轮回就是说人死后其神识不灭，还可转生为人、畜生、鬼神等。

用因果和轮回来解释，"偶然"的答案就不言而喻了。原来有许多现世见到的结果不一定是今生导致的，它们可能是在前世种下的因；现世所做的善事或恶行也不一定能在今生结果，而有可能会等到来世才果报现前。

佛所说的道理，有些已被现代科学证实，有些现代科学还暂时无法解释，但绝不能因此就否定其合理性。从佛经中可以找到宇宙人生的一切答案，也有令所有生命离苦得乐的途径，这些在其他学科中都难以获得。

得出这个结论后，我放弃了攻读医学硕士的机会，选择了发心出家学佛的道路，因为我想沿着佛陀所指引的解脱之道，去寻求真正的智慧和快乐。

听完圆让的讲述，我的心甚感快慰。这样的年轻人，抛家舍俗走上出家之路，真的很不容易。

也许有些人会为她感到惋惜，年纪轻轻的，不当医生出什么家呀。但我想，对一颗坦诚求道、努力求真的心，我们没有理由妄加蔑斥。

有些价值，也许需要很长的时间才会显露，但人生无常如昙花，当你意识到时，可能已垂垂老矣。

莫待年老方学道，孤坟多是少年人。

母亲爱我甚于她的生命，每次我生病，

她就手忙脚乱甚至彻夜守候，唯恐我有闪失，

见病情好转便又欢欣不已；凡有好吃的无不让我先尝，

自己则在一旁笑眯眯地看着我……

我深感此生欠母亲太多，或许唯有努力修行，

方能回报她的深恩。

亲得离尘垢，子道方成就

　　孝顺父母的人是善良的，知道父母的不易，知道所有的成长都是以父母的衰老为代价。从幼儿园到大学，从就业到婚嫁，当儿女终于成家立业，又开始关心孙子辈的养育……父母们操劳不已，真是"春蚕到死丝方尽"。

　　佛陀专门宣讲过《父母恩难报经》，佛经中也多次提到父母恩重，如山似海。无论世间法还是出世间法，无不谆谆教诲为人子女要孝养父母，要懂报恩。

　　但什么才是真正的报恩呢？佛教始终认为，学佛、修行乃至出家，

才是孝之大者。

宁玛巴伟大的修行人华智仁波切说，最好的报恩，是以行持善法、佛法的功德回向父母，并能带动父母亲自修持佛法；如果以造恶业挣来的名利孝养父母，有害无益。

但是在浊浪扑天的物欲大潮中，又有几人懂得用佛法来报父母深恩呢？

圆波正是其中的一个。小伙子毕业于西南林学院，工作后经常处在世俗应酬与学佛的矛盾、出家专修与难舍父母亲情的纠葛中。但最终他还是来佛学院出家了。

提到远方的故园，这张憨厚的脸上，有深沉的情感，却没有丝毫的犹疑。

　　如果我是老师，我会问学生们这样一个问题：你们为什么而活着？可能很多人都没有考虑过。现实生活中，有人纯粹为了一日三餐，有人则为了暂时的安乐……到底为何而活，林林总总，莫衷一是。

　　这个疑团从小学到大三，也一直困扰着我。直到某天，在一个偶然的机会里接触到佛法，才使困扰了我十几年的疑惑得以化解。此中因缘可谓说来话长。

　　我叫圆波，今年三十岁，出生于一个农村家庭。小时候，我连佛号也没听说过，与佛教的最大瓜葛不过是逢年过节随母亲去附近的神庙上上香、磕几个头，如此而已。即使偶遇出家人也会不由得心生邪见，视其为毫无出息、庸庸碌碌之辈。甚至还误以为做和尚都是因生活所迫，或人生失意、逃避现实。若不是大学毕业前的那次南岳之行，这些错误的认识还将一直延续下去。

1994年，我们选择了南岳衡山作为毕业实习的地点。紧张的实习之余，我们也会抽空去寺院参观。强烈的好奇心驱使我仔细聆听了平日里难得一闻的悦耳梵呗，还有庙里的悠扬钟声，附带着也了解了一些佛教历史……

每当面对虔诚的信众，就不由得让我肃然起敬，但同时也大惑不解：是什么动力使他们虽无人约束但秩序井然？他们何故要放弃优越的生活条件，来此深山僻野"受苦"？更不解的是，佛教传入我国已达两千年之久，非但没有衰落，反而愈加深入人心……

带着满脑子的疑问，我不知不觉走进了佛经流通处。那里陈列着的众多经典让人目不暇接，不得不惊叹佛法的博大精深；桌上的念佛机发出阵阵悠扬的"南无观世音菩萨"的圣号声，有如天籁。流通处的老居士还非常和蔼地向我一一介绍那些典籍的大致内容。

最后我请了《竹窗随笔》和《觉海慈航》这两本书。回到住处慢慢翻阅，想不到越看越感到佛法的不可思议，一发不可收拾，直看到傍晚时分。放下书本，我忽感平生似乎从未看过如此发人深省的好书，自此算是深深地体味到了醍醐灌顶般的清凉。

于是，我当下决定第二天再去请上几本，但转念一想，呀，第二天正是实习结束返校的日子，怎么可能再到寺院里去呢？左思右想，最后决定赶在当晚关门之前再去趟流通处。就这样，我一口气跑了六里路，总算是赶到了，一气请回了十几本针对初机的佛学书。自那以后，我便与佛教结下了难舍之缘。这应该算是我的学佛缘起吧。

毕业后，我被分配到林场，虽然环境改变了，我却从未放松过对佛学的研究。林场山高树密，是修身养性的好地方。我经常一大早先于别人而起，爬上半山坡，迎着朝阳，在树下诵早课，下班后又这样诵完晚课。半年之中，一切都是这么按部就班地悄悄进行，从未间断。

后来我被派往基层进行林业普查，每天都得翻山越岭，即便如此，我也没有间断过课诵——口袋里装的不是人民币，而是一本记事本和一本念诵集。

在家学佛，困难还是不小。比如后来调到县城的办公室后，应酬就特别多，尤其是每次随经理外出，在饭店吃饭，我心里就犯愁。他们都习惯于大鱼大肉，我却已发心吃素，这该如何是好？无奈之中，我只好星星点点般地吃着肉边菜。时间长了，经理自然就产生了怀疑，我也只好以身体不适等各种理由掩饰。

学佛日深，我渐渐萌发了出家的念头。可是面对日渐衰老的双亲，忆及他们对我无微不至的关爱，就不忍心撒手不管。我对父母历来都是百依百顺的，难道学了佛便要"大逆不道"吗？原本想待父母终老后再做打算，可是转念一想，真要等到那时，我岂不也要为人夫为人父了，儿女情长，纠缠不清，或许永远也出不了家。难怪古人云"出家乃大丈夫所为"。

心中惆怅之时，1996年我便南下广东，在一家外资企业谋了份差事。老板是香港人，诚信佛法。那时我一边上班一边带领十几位员工学佛，因而很受老板器重，但我心中还是念念不忘出家之志。

一次，我们要印行妙莲法师的《往生有分》，客户要求将原版的繁体字改为简体字，以方便初学者，老板便将这项工作交由我去完成。对老板的信任，我不敢有丝毫马虎，便逐字逐句地反复校对。以前看书，我从未如此仔细，因此对书中字句的印象和感受都极为深刻。特别到了第三遍校对，受妙莲老和尚"平生最喜劝人出家"这句话的点化，我心中豁然开朗，以前的惆怅一扫而空，当下就立定了志向：欲真报父母恩，非出家不可。

但此事如何向父母表白呢？我自幼孝顺父母，极不愿伤他们的心。面对父母的呵护有加，心中格外矛盾，几次话到嘴边又不得不咽回去。毕竟人非草木，孰能无情？母亲已不再年轻，她那脆弱的心，能承受得了这对她来说或许是致命的打击吗？母亲爱我甚于她的生命，每次我生病，她就手忙脚乱甚至彻夜守候，唯恐我有闪失，见病情好转便又欢欣不已；凡有好吃的无不让我先尝，自己则在一旁笑眯眯地看着我……但最后我还是鼓起了勇气，"残忍"地向母亲坦白。

母亲先是一怔，继而不停地哭，最后郑重地警告我："倘若你出家，我就跳河自杀。"我顿时方寸大乱，不知如何是好，原先的一切计划全被打乱了。为了不让母亲过于伤心，我只好暂时顺从了她。然而经过一两个月的反复考虑后，最终我还是毅然走出了家门。

记得当时，给母亲留了张字条后，我便头也不回地奔赴佛学院，一路上不停地祈祷观世音菩萨，乞求她加被我的双亲……后来得知，母亲因此哭昏过去好几回，还引发了高血压……我深感此生欠母亲太多，或许唯有努力修行，方能回报她的深恩。

现在，虽然我已迈出了艰难的第一步，但未来的路还很长很长。讲述我的经历，并非鼓动人出家，只是想奉劝有缘的知识界朋友，为了生活能更有价值、更有意义，不妨多了解了解佛法。

人身难得，请善加珍惜。

圆波的出家，是一个具有智慧的知识分子，在排除了一时冲动、盲目随众后的明智选择，也是他往昔的殊胜因缘成熟，才使他得以走上这条光明之路。

今天的人们，往往对身着世尊亲定袈裟的出家人不知恭敬，其实在历史上，中国绝大多数的帝王将相对出家人都是恭敬顶戴的。按照佛教的观点，一个人哪怕没有其他的功德，只要披上僧衣，也会对众生有所利益。

僧众就像光芒四射的太阳，众生整日沐浴在他们的光辉下，却往往忽略了他们珍贵而无声的存在。著名诗人歌德对太阳的一番礼赞，十分适合做本文的结尾："朋友们，朝着太阳奔去吧，为了人类的幸福之花快点开放。挡住太阳的树叶能怎么样？树枝能怎么样？拨开它们，向着太阳，努力奋斗吧。"

诸位在家人，为了让人类的幸福之花能遍地绽放，也请面向僧宝的光辉，精进修持吧。

> 我也曾自诩为搞艺术的，但当我明白，
>
> 所谓的高雅、低俗都只在一时；
>
> 美妙的歌声也不过是声波的振动；
>
> 人们沉迷其中，然后曲终人散……
>
> 我决定前往那片寂静的深山。

听你千遍，总会厌倦

我写过一首歌，人们称之为《修行之歌》。圆休很喜欢唱它。

"茫茫无边的红尘，是我抛弃的故乡。巍峨雄伟的雪山，是我修行的地方。法相圆满的上师，是我终生的怙主……"

她曾是著名的蒙古族歌剧演员，在不长的歌坛生涯中，也赢得了众多的掌声和嘉奖。然而，这些并没有让她迷乱，在艺术生命正鼎盛的时期，她悄然谢幕，前往雪域高原出家。

她说要唱永恒的歌。

　　我在呼伦贝尔盟（今呼伦贝尔市）的扎兰屯市长大，这个城市并不太大，风景却很秀美。位于松花江上游的雅鲁河穿城而过，人们都称这里是"塞外小杭州"。一方水土养一方人，这里的人们在单纯明朗的山水间养成了纯朴善良的品性，我的父亲便是其中的代表。他信奉佛法，人品贤善，对我更是慈爱非常。

　　小时候的我十分娇气，常常以哭闹纠缠他。记得一次，我又无缘无故大哭起来，一哭开腔便什么都不顾了。父亲边哄边抱起我，但我仍使劲地哭闹，他实在没办法，就念起了观音六字大明咒"唵玛尼贝美吽"。听到这咒语，我马上停止了哭闹，接着又缠着父亲，非要他一遍又一遍地给我重复这句咒语……这也许就是我幼时的佛法启蒙吧。

　　在我成长的过程中，善良正直的父亲常常用世间道理和佛法中的道理来教育我，诸如：对待他人要将心比心；与人发生矛盾时要多思己过；受人滴水之恩，当以涌泉相报等。父亲的言传身教为我后来修学佛法打下了良好的人格基础。

　　母亲对我的要求也非常严格，她从不娇惯我，尽量让我学做各种家务，洗衣、做饭、喂猪、放羊……在她的管教下，这些日常劳作，我在很小的时候就全部掌握了。父母的培养造就了我吃苦耐劳、坚忍不拔的性格，使我在后来的日子里，不管遇到任何难事，都能泰然处之。

　　虽然没有胡服骑射的英勇，我却有一副天生的好嗓子，也非常喜欢唱歌。真正学佛以后，我常常这样推测：大概我的前世是一个唱歌的吧，我的歌唱天赋也应该是同行等流果所致。

还在读高中时，我就考上了一所艺术类中专——呼伦贝尔盟艺术学校，并专修美声唱法。后来又以第一名的优秀成绩考入内蒙古艺术学院，成为该院招收的首届大学生。

学院位于自治区首府呼和浩特市，属西部半干旱气候，昼夜温差较大。我对此很不适应，常因水土不服而患病，有时考试都需要同学搀扶着进场。老师和同学戏称我是"林黛玉""病娘"，但我仍顽强地坚持着，每次考试的成绩还是非常优秀，并成为全校唯一的奖学金获得者。

有位会制造钢琴的老教授见我如此体弱多病，就对我说："我那儿有香港老朋友寄来的佛经，你可以看一看。读经书有很大的功德，或许对你的康复有好处。"对于治病，我几乎已到了穷途末路的地步，想起小时候父亲曾对我提过读诵《金刚经》的利益，于是抱着一线希望，就向老教授借了一本《金刚般若波罗蜜经》认真地读了起来。

我的古文基础还算可以，再加上可能还有点善根，我基本上能看懂经中的内容，还因理解了经义而生起很大的欢喜心。此后我便把经书放在枕旁，整整三个多月的时间，一有空闲就打开翻阅。就这么反复地读呀读，身体竟奇迹般地随之好转，这让我真切感受到了佛法不可思议的作用。

赶上我毕业那阵子，社会上正提倡"双向选择"，毕业生可以比较自由地选择工作单位。对着地图，我选中了冰城哈尔滨。这座松花江畔的美丽城市，有着许多欧式建筑，不仅工商业发达，冰灯艺术更是享誉中外。更何况对我来说，最主要的便利是从这儿只需乘六个小时的火车，就可以回家探望年迈的双亲，这让我免去了许多牵挂。

凭着良好的素质，我终于被全国著名的三大正规歌剧院之一的哈尔滨歌剧院录取，并被分配在女高音声部当演员。工作期间，我经常与省市电台、电视台合作录音录像，还在黑龙江省举办的音乐大奖赛中获奖。同时，我也在剧院附属的艺校担任教学工作，并利用业余时间创办了一所拥有八百平方米面积的高级音乐幼儿园，还要经常去关系单位帮助他们排练合唱节目、担任指挥等。总之，我的事业在当时可算是风风火火、蒸蒸日上。

大学毕业不久，我便成了家。丈夫是位音乐教师，人品非常好，而且弹得一手好钢琴，我俩可说是珠联璧合的一对。加之我俩都有较强的创收能力和途径，生活也就显得非常富足了。由于工作关系，我们经常要出入哈市的大酒店、大宾馆等高级场所。而后来，我却心甘情愿地踏入每个月只有八十元补贴的出家生活，这些钱在我往日的世俗生活中，不过是一顿早茶钱。我的选择，也许只有同道的修行人才能理解。

1996年春，剧院上演歌剧《安重根》，当时有位范居士（现在已出家修行）和我一起在后台候场。演出间隙，我对她说："现在真是太忙了，身体特别疲惫，怎么办呢？"她说："你一定没坚持念佛号、看佛书吧？还是要坚持下去，让内心多一些宁静，才能消除疲劳与不适。"她的话又让我想起了以前念《金刚经》的经历，两相对照，我顿时觉得非常惭愧——怎么每次都是在穷途末路之时才想到佛法？佛菩萨却在任何场合都从未放弃过我。

那年秋天，去喇荣学习佛法已有半年的范居士回到了哈市。我迫不及待地赶去见她，向她打听了许多藏地的修学情况。结果越听越上瘾，真想逮个机会亲自去一趟。恰在此时，我被单位选派去北京中央音乐学院深造，并顺利地考取了全国尖子演员进修班，师从国际声乐比赛评委、中央音乐学院声乐系主任郭淑珍教授。她很欣赏我，同意我进修一年后就考她的研究生。但此时的我对这些已越来越心不在焉了。

闻思佛法日久，我想去喇荣常住的念头便不可遏制地增长起来。我慢慢习惯于用佛法的道理去思考周围的人和事：大姐和大姐夫住着高级别墅，每人各养一部车；二姐夫是个包工头，每年能赚上百万。但他们的精神修养，却不敢恭维。反观自己，我也曾自诩为搞艺术的，但当我明白，所谓的高雅、低俗都只在一时；美妙的歌声也不过是声波的振动；人们沉迷其中，然后曲终人散……我的出离心已然生起，对于世间生活的享受和艺术事业的发展，对于已经得到或即将得到的，怎么看都像浮萍，刹那间即会无常。

我决定前往那片寂静的深山。但一想到娇小可爱的女儿，我就心软了，她离开我该怎么过呢？

正拿不定主意间，我在成都偶遇了来自佛学院的堪布，见到他，我一股脑儿地诉说了自己的矛盾。堪布听罢和蔼地说："许多人想要出家修学正法，但总是放不下老人啊、孩子啊。但是你想想，不管放得下放不下，最后关头你不还得统统放下吗？"堪布的话让我思考了很久。是啊，自己如此贪爱执著的身体，最终都不得不放下，更何况父母儿女呢？儿女亦如过客，有缘则相聚，缘尽还分手，再痴情难舍，也抵挡不了无常的催逼。

放下别人执著的，才会获得别人所没有的。释迦牟尼佛舍弃王宫生活而出家，不也是因为看到了纷繁迷离的世俗表象背后那条永恒的光明大道吗？我为何不能追随佛陀的足迹，勇敢地踏上正道呢？

当我终于决定离开温暖的家时，心里真像打翻了五味瓶。我意识到这次的离开可能是永远的告别。刚刚两岁半的女儿甜甜地笑着跑到门口说："妈妈去学习，我没办法，要早早回来看我啊……"我依依不舍地边走边回头和女儿挥手。"再见了孩子，如果妈妈今生欠你和爸爸的话，妈妈会用佛法做最好的补偿，相信妈妈，一个真正的母亲永远不可能做对不起孩子和家庭的事。"

我离这个繁华的都市越来越远了，但心里却很清楚，我将离上师、离地处青藏高原的喇荣圣地越来越近……

在这寂静神山待下来后，每每想到身后的繁华世界，想到远在家乡的父母亲人，难免会有阵阵酸楚袭上心头。但同时也隐隐感到一丝安慰，因为全家老少当中，毕竟妈妈还比较理解我的选择。她从小就向我灌输：一流佛子二流仙。而父亲又一生秉正，我相信他们一定都会有圆满的归宿。

那我还有什么可担心的呢？后半生即使沿街乞讨，我也会坚持走下去。因为我知道，这条路是佛陀当年走过的。

圆休告别可爱的女儿、温馨的家庭，一心到寂静寺院过清净的出家生活，这的确不容易，没有真实无伪的出离心是做不到这一点的。一旦佛法走入一个人的内心，他对世间所谓最美好的事物也会弃若敝屣，因为他知道，佛法的甘露才是至上无比的美味。

此外，我还想用乌克兰作家冈察尔的一句话来安慰圆休的女儿："母亲的爱是永远不会枯竭的。"希望这个小女孩长大后，能理解、支持母亲的选择。

圆休在谈话中还提到她的歌唱天赋问题，她觉得这是前世的同行等流果所致。这让我想起了一个外国歌手的前生后世的故事。有一个非常著名的女歌手叫皮里斯莉，在她过世后，大概又过了很多年，英国有一位妇人怀孕后，经常在梦中看见皮里斯莉，她在梦中唱着自己从前的成名曲。这位孕妇最终生下一个女婴，医生惊奇地发现，孩子右肩上竟天然文着一幅皮里斯莉的画像，异常逼真、细腻。这个小孩长到六个月时就能唱她前世唱过的歌，因而被人们称为"小皮里斯莉"。世界各地皮里斯莉的歌迷们，都纷纷前往探望，一时沸沸扬扬。

以佛法来解释这种现象其实很简单，法称论师就曾说过，前世的触觉感受都会在今世显现，更何况声音。月称论师在《中观四百论释》中，也以鸽子和牛奶的比喻表达过相同的意思。

因此我们也可以据此推断，圆休的前世应该是个歌手。当然我并没有什么神通，不知道她的前世具体是谁，一切还是留待她自己去亲证吧。

缘起性空彻底看破了时空的实有，

这种境界是相对论无法比拟的。

至于佛陀宣说的"以一刹那现无数劫"的境界，

更是科学家们无法想象的。

如果真理是一个科学工作者毕生的追求，

他有什么理由拒斥佛法？

放下成见，才是科学的态度。

放下成见，才是科学

今天是2001年7月12号，很平常的一个日子。但对圆悲来说，意义非常。

八年前的今天，他第一次出现在我面前，如今他早已是一名为人所称叹的比丘。人们猜测圆悲日后会有一番修证。虽然我对此不敢妄下断语，但知道他平日的为人处世都很不错，有一定的闻思水平，也非常喜欢实修。

这些年，每当我讲经说法，他总爱坐在离我很近的位置，瞪着一双高度近视的眼睛，似乎要把佛法的精华全都吸进他的脑子里。看着他憨憨的认真神情，我有时会在课堂上跟他开个玩笑。他也从不发火，静静地跟着大家一起乐。

他说自己曾是一名科学的信徒，站在佛法的对立面批判"迷信"，最终却发现，需要批判的是自己对未知领域的盲目否定。这也是一种迷信。

坐在井底，如何想象天空的辽远？

赤壁是湖北南端的一座小城，苏轼流传千古的《赤壁赋》讽咏的就是这里。

名闻遐迩的陆水风景区如同一块晶莹碧绿的翡翠镶嵌在古城郭的西边，壮观的宝塔山威镇在东面。而我的出生地——河北街就位于古城郭北门的对面。清清的陆水河从家门旁缓缓流过，背后有古色古香的龙头山烘托，真是一个依山傍水的好地方。

地方虽好，自己却生不逢时。我出生时正赶上那场浩劫，这更使我养成了懒于读书的恶习。不过可能还有些数学天赋吧，初三那年，像瞎猫逮着死耗子一样，我居然考上了重点高中。随后在老师的良言规劝下，浪子回头发奋用功，1984年终于以优异的成绩考入电子科技大学应用数学系。

当时，我是我们那一片儿仅有的大学生，着实让全家人风光了一阵子。进得大学，为了让家人更风光，本人学习一直很努力。屡获奖学金不说，1988年更以最高分考入本校高能电子学研究所攻读研究生。1991年硕士毕业后，被分配到重庆邮电学院任教。

一直以来，我都是科学的信徒，到1990年才开始接触佛法。近二十年的学校教育，使我相信科学才是拯救人类的唯一力量。每当想到人造卫星上天，人类把足迹踏上月球，相隔万里的亲人交流起来如在眼前……我就一阵阵心潮澎湃，觉得整个世界都被科学踩在脚下。

记得中学学了牛顿的三大定律和万有引力定律后，我对这位科学巨匠产生了极大的信心，那时他是我心中唯一的偶像。后来又学习了狭义相对论，对爱因斯坦的睿智又仰慕得五体投地。当时的我风华正茂、意气风发，下定决心要追随爱因斯坦的足迹，成为新的物理学巨人……

正因为对科学如此信服，我的学佛在很大程度上是一个与科学相比照的过程，其间经历了一个比较漫长也比较艰苦的转变。1990年之前，我对佛教一无所知，按理来说，对自己不了解的事物或现象不应该轻下断语，这才是科学的工作态度与方法。但由于长期受无神论教育的影响，我也不知从哪来的一股怒火，不但对佛教嗤之以鼻，甚至会冒出这样的念头：像佛教这种精神鸦片，为什么不把它彻底消灭，还要让它留在世上坑害人民呢？

1989年下半年，由于身体欠佳，我开始学习传统文化中的养生术，因这里面有些地方牵涉佛教，我以往的偏见才有所收敛。练功的感觉让我觉得，佛教再怎么着也是一门"功夫"，还是有些"名堂"的。以此为契机，我对佛教的态度开始有所改变。在这期间发生在周围的一些事情，则让我对科学产生了一些怀疑。

我有一个同学，曾经用耳朵"看"到塞进他耳朵里的纸上写的"电"字；有一个小女孩，是我大学老师的孩子，她曾用自己的能力，将病人体内的许多小竹签取出来；还有个小孩的耳朵可以写字——将一个纸团放入耳孔内，旁边放一瓶墨水，这个小孩居然能用意念在纸上写出旁观者指定的任何字……

我并不是在这里渲染所谓的"神通"与"特异功能"，只是引述这些活生生的例证，说明物质和意识的关系，可能并不像科学或科学的辩证法所揭示给我们的那样简单。这个世界的很多认知领域并非科学所能驾驭，更不用说宇宙、时空乃至人心的构造与秘密了。

这些都启发我从科学之外，包括从佛教的角度，去重新审视这个我们自以为很熟悉的世界。举一个简单的例子，比如人人都在讲"运气"二字，你能用科学的手段、方法去测定它的性质吗？也许科学家会用概率统计学做解释，但那往往说服不了任何人。

后来我皈依佛门，看到"业力"二字，所有疑难才冰消瓦解。你的运气好，绝非好运的概率高，而是善业的果报；你的运气不好，也并非厄运的概率高，而是恶业现前而已。既然因果律是全世界公认的客观规律之一，善恶的因果报应又有什么理由被斥为迷信呢？难道种瓜反而得豆不成？

就这样，在思考中学佛，在学佛中思考。一点一滴地，我逐渐靠近了智慧之门。不过在电子科大期间，虽然也看了一些佛教经论，但并未认真领会其中的深刻含义，只是将其作为工作的辅助以补科学思维之偏。至于菩提心、出离心等压根儿就没有生起来过。虽然在成都昭觉寺也皈依了，但自己清楚，我的所作所为离一个真正的佛教徒还差得很远。

思想上真正的转变是在对前后世有了定解之后。那一阵子，几乎每天我都被前后世的问题困扰，不搞懂这个问题，学佛只会是空谈。通过多方研讨、思考，我终于认同了佛陀所宣说的轮回之理。回顾这一过程，我觉得这个结果并不是最重要的，最重要的启示是：必须放下成见，如理如法地认真思考，而不要轻易诽谤，才是科学的态度。

记得我曾经问过一个未学佛的大学同学："佛教认为无我，你以为如何？"她思索了半天，然后认真地回答："确实如此，人只不过是连续不断的新陈代谢而已，并非有一个恒常不变的我。"当时我就在想，如果放弃固有的偏见，不受愚昧或错误的教育定式所左右，拿出胆量思索，佛教的许多教义一定会被人们接受，包括前后世的问题。

仅举一例供读者思索：现在的分别念是依外境而产生的，还是依前一刹那的分别念而产生的？若依外境忽然发生，今天如何回忆很多年前的事？若是依前一刹那而发生，一直往前推，当然就会有前世。正如《量理宝藏论》云："心不观待他因故，依因前际无始成。因聚齐全无障碍，依因后际无终成。"

通过深入思维，反复观察，此时对我而言，佛教与其说是宗教，倒不如说是最彻底、究竟的哲学。它明白无遗地解释了宇宙真相，故而是关于世界观的学问；它如实揭示了无我的本来面目，故而是关于人生观的学问；在以上认识的基础上，它又教导人们走自利利他、自觉觉他的修行之路，故而又是关于方法论的学问。

1991年，我被分配到重庆邮电学院无线电系，在仪表室研制通信仪表。这里群山环绕，风景优美，建筑古色古香，真似山庄别墅一般。当时，我所在的科室在相关项目的研究上处于国内领先地位，研制出来的仪表能直接投入生产，经济效益非常好。在这么舒适、惬意的环境中，我的求道之心反而日渐增盛。

那时我正研读《中观四百论》。最深的感慨便是：佛陀太伟大了。缘起性空彻底看破了时空的实有，了达它的假定性、观待性，这种境界是相对论无法比拟的。尽管相对论明确了时间和其他事物之间的观待，却没有通达时间的空性特质。至于佛陀宣说的"以一刹那现无数劫"的境界，更是科学家们无法想象的。

明白了一定的道理，苦恼也随之而来。由于没有善知识的引导，我无法实修。有一段日子，在实修愿望的驱使下，我竟一个人跑到对面山坡，找一块平地，垫一块纸板，然后就盘腿坐在那里。那根本不叫打坐，但我也没有其他的办法。我太想实修了，怕自己在理论中转圈圈，日子久了，徒增分别妄念。

记得《普贤上师言教》中也说："一切佛经、续部、论典中从未宣说过不依止上师而成佛的历史。我们现量见到的也无有一人以自我造就及魄力而生起十地、五道功德。"正因如此，

1992年7月，我下定决心专程前往青海，在西宁、循化、湟中等地历尽千辛万苦寻访许多寺院，却始终没有缘分找到善知识，当时心中的失落不堪言表。

善知识没找到，麻烦倒找上门来。1993年3月，二哥为了阻止我继续深入佛道（因他已敏感地觉察出来，我照这种趋势发展下去，将来非剃个和尚头不可），让姐姐将我调至广东顺德。他们的苦心我明白，无非想让我在这个飞速发展的新兴城市里，目睹物质的极度繁荣，好打消学佛出家的念头。

常人眼中，物质的诱惑也许是最难抵挡的。但我看到的，更多的是打工仔卑微辛劳的生活，是阔佬们狂妄猥亵的神态。我再次忆起佛陀"善业和智慧是安乐唯一来源"的教言，求道的渴望更加强烈。当我闻知了四川的喇荣五明佛学院后，就像热锅上的蚂蚁，一刻也待不下去了。

偏偏就在此时，在办公室当文秘的姑娘向我表达了爱意。她很善良，也很乖巧，惹人怜爱。我们共事的时间虽短，彼此却都留下了美好的印象。但我知道，决不能就此止步，甜蜜的爱情恐怕是修道路上最大的障碍，它的力量实在太大，定会牵着我流转在六道轮回。

于是，当一切都准备就绪后，我向她坦白了自己的决定。她沉默了很久，最后还是一如往昔般善解了我的心意。她叮嘱我："一定要来信啊，有机会我一定会去看你。"我答应了她，但同时就在心里打定了主意：为了摒弃俗缘、专心向道，就让我从你的视线中默默消失吧。

单位这一关还好过，家庭的障碍就太大了。1993年6月底，我在没跟家人打招呼的情况下不辞而别。原因很简单，我不想再给自己和家人添麻烦。如果告诉他们，没准儿他们会来顺德将我押回去。

最不忍心的就是抛下姐姐。她曾说过今生今世都要善待我这个唯一的弟弟。在她移民国外前夕，大哥给我寄来一封信，说如果我愿跟姐姐一起出国，她愿承担一切费用。如果不想出国，也务必回家，就近重新找个工作。狠下心，我给大哥去了封电报：既不出国，也不回家。我觉得只有这样才能让他们多多少少明白我的心志。

1993年7月12日，冲破了重重阻挠后，我终于来到了法王如意宝驻锡弘法的根本道场——喇荣五明佛学院。这是我人生路途中最重要的转折点，从此以后，我就可以在解脱的大道上快速向前了。

从接触佛法到今天，已有十二个年头。十二年前，我还是个在黑暗中摸不到边际、徘徊彷徨的行路人；而今，虽说经历了不少的风雨坎坷，但心中的启明星，却已高挂在清净的虚空，为我照亮回家的路……

如果不出家，圆悲恐怕早已获得了博士学位。出家学佛，又精进修持了八年，按照泰国的佛教教育体系，也该荣获佛教的博士头衔了。不过据圆悲说，他最想过的还是一个普通修行人的清净生活。

佛学院成立二十多年来，培养的人才不可胜数，其中不乏以高学历身份出家的僧众。他们在这里闻思经论、闭关实修，我相信对每个认真求法的行者来说，他们的收获都是不言而喻的。

当年玄奘法师、义净法师西行印度求法时曾长住过的那烂陀寺，我想与佛学院在弘传正法、教化人心方面所起的作用应该是无二无别的吧。两位法师学成回国后，他们分别成为支撑唐朝佛法盛世的中流砥柱。那么在佛学院求过法的这些汉族知识分子出家众，也希望他们莫舍汉地众生。待学成归去，真祈盼他们能把藏密精华融合显宗风范，化为正法甘露遍洒人间。

期望着像圆悲那样有知识、有文化、有修养的知识分子出家人，通过一代接一代持续不断的努力，引领一代又一代的众生走向究竟成佛之道。

没什么放不下

叁

——

宇宙再大，大不过人心

现代粒子物理学中最微细的万有引力场，

对这位瑜伽士来说根本就不存在！

如果这是真实的，物理学大厦将彻底坍塌。

我不会轻易地相信，同样不会轻易地否定。

不要轻易地相信，不要轻易地否定

提起圆永，佛学院的汉僧都比较熟悉，他性格稳重，人品好，办事能力也很强。在汉僧显密经堂从最初的十多人发展到一百多人的过程中，他担任过理事与管家，竭心尽力地辅助管理汉僧事务与经堂的建设。在近十年的长住期间，他也曾热心帮助过许多入藏求法的汉人。

记得1994年在沈阳，他母亲曾流着泪对我说，希望儿子能在上师的培养下成为一名合格的僧人。如今，他已成为一名真正实修的出家人。

不仅如此，他的许多学生也经由他的引导，来到佛学院闻思修行。听他的学生说："在大学里，我们对佛陀的教法能够有所认识，完全是圆永师的教诲所致。"他的这些学生，一些已皈依佛门，有的对佛法生起了稳固的见解，更有一些受他点化而出家的学生，因品学兼优已被评为堪布。

在与他长时间的交往中，我早已了解他的人格与智慧。一名高等学府的物理教师如何会转变成一名志求解脱的出家人？答案正如他所说，追求真理的科学家，活着就是为了知道这个世界到底是怎么一回事。

我是1960年生人，家住美丽的渤海之滨，父母都是当地的小学教师。记得青少年时代，我对科学就表现出了浓厚的兴趣，那缘于十六岁时的一次经历。

当时家中新添置了一台收音机，对它为什么会发出声音，我一直迷惑不解：这个木头匣子里怎么藏得下一个人？苦思冥想了好长时间还是想不出个道道，只好问哥哥：想知道收音机的原理，该看什么书？哥哥告诉我，应从物理学起。

那时正赶上"文革"后期，班里的同学整天胡乱忙着，我恰恰利用这段空闲，沉入了对物理学的研究。没有老师授课，也没有学生听课，混乱的年代却成了我"阳光灿烂的日子"。

有一天，我突然想到电场与磁场是可以相互转化的，于是欣喜若狂，自以为发现了一个全新的"关氏定律"（我俗姓关）。后来在高中物理课本中看到，这是法拉第早已发现的电磁感应定律。但当时的我依然对自己信心十足，认为将来一定能成为一名杰出的物理学家。

上了大连工学院后，尽管读的是化学工程系，但我对物理的兴趣丝毫也未减弱。那时我最喜欢读《爱因斯坦文集》，他说：概念是思维的自由创造。正是这种对自由思想的推崇，使他推倒了传统的物理学大厦。他在物理概念上的重大突破，就是证明了时间和空间不是绝对的不变，而是相对的存在。

爱因斯坦对我最大的启示是，作为一个物理学家，追求真理，揭示一切事物的本质，是他生活的最终目的，他活着就是为了知道这个世界到底是怎么一回事。在学习物理学的过程中，我也把追求真理当作自己一生的奋斗目标，为此可以不惜生命。如今的我虽然不再研究物理学，但这种追求真理的精神从未改变过。

大学时代的我并不信佛。1982年毕业后，我被分配到抚顺石油学院任教，由于不会照顾自己，工作没几年就得了一场重病。在养病的无聊日子里，一天，我偶尔看到一篇有关在巴黎举办古印度瑜伽术表演的报道，并配有一张瑜伽士飞行空中的照片。这太稀奇了！这可能吗？

这张照片深深震撼了我的内心世界。现代粒子物理学中最微细的万有引力场，对这位瑜伽士来说根本就不存在。如果这是真实的，物理学大厦将彻底坍塌。因为万有引力不存在，物体的重量也就不存在，重量不存在，质量也就不存在。缺少了质量这样一个基本的物理量，整个物理学就无法建立。如此，爱因斯坦的广义相对论也就成为多余的了。

这幅"升空飞行"的照片，让我与佛教结下了不解之缘，尽管许多同事看后都轻率地摇头说，这是骗人的。我不会轻易地相信，同样不会轻易地否定。我想用自己的眼光，审慎地去看。只要为了求真，什么样的理论、实验我都不想放弃。

就这样，我开始接触起佛教和道教的典籍。一日观看《米拉日巴传》，其中说道：尊者米拉日巴在山洞中苦行，一日生起暖乐，风入中脉，顿证无生空性，智慧现起，身体升空飞行，当时他的叔叔正在耕田……而佛教经典中，这样的记载还很多。

我对佛教的兴趣日渐浓厚起来，而越研究道教教义，就越觉得它不符合我的根性。就算一个高明的道士可以在山洞中活一万年，风餐露宿，但一万年零一天之后，他还是抵挡不住生死的轮回。他可以尽量拖延果的成熟，却无法改变甚至超越因果，因为他认识不到因果的究竟空性。瓜熟蒂落的那一天，定要受报。

读了《入中论》一书后，再反复对比物理学，我对佛法的信心就更大了。物理学只是揭示了相对真理，却并没有对大千世界的来龙去脉做出究竟的解释。举一个简单的例子，这里有A、B、C三个普通人，科学可以马上界定出他们之间最简单的一种逻辑关系：A+B+C=3（人）。但佛法不这样思考，它首先要看A、B、C这三人是否真实存在，如果他们在胜义谛中缺乏真实存在的理由，只是世俗中的一种虚幻显现，就无须空上安空，头上加头，去研究三者间的逻辑关系了。

你一定会说，他们怎么可能不存在呢？眼见其色，耳闻其声，身触其体，再经过大脑思考分析，不就可以知道他们的大概状况吗？对此我不想多做阐述，只希望人们能亲自去看一看佛教经论，所有的困惑便可一目了然。但我常常悲哀地感到，许多人还在重复着我在未接触佛法之前的那种轻率、无知与盲从。

我想再举一个例子，以辅证刚才的论述：人们熟知的日常交流所使用的话语，其声波在空气中传递，而声波所表达的意义却是由人们附加上去的。单从声学角度来看，传到耳中的话，不过是空气分子的振动，在振动的空气中哪有什么语言的含义？随着这无含义的声波，我们时而欢喜，时而愤怒，岂不是自寻烦恼？

有些科学工作者可能会反驳说，我们研究的是客观事物的本质规律，你所说的主观臆造、人为设定，并不是我们的研究对象。这又是一个自欺欺人的笑话。客观事物如果不观待主观的眼、耳、鼻、舌、身、意六识，它的客观性又从何体现？既然一切都是观待而立，又哪来所谓独立自存的客观本性？

再回头看看上文提到的那位瑜伽士，在他通过实地修行，消除了人类在客观事物上的习惯性错觉、主观臆造以及妄加分别，又体证到万法唯空，无一物有所谓永恒不变、独立存在的自性之后，万有引力当然会消失，他当然能飞行空中、自由自在。

对一个以求真为己任的科学家来说，该是正视事实、正视自己的时候了。

佛陀才是世界真实面目的彻见者，凡夫却依然沉浸在种种的主观臆造之中，而我只不过是一个正从迷乱走向清醒的实践者。这种实践只要你用心努力就能做到，它并不难，也不神秘。

对我来说，求真之路永无停息。1991年冬，我在五台山圆照寺出家，1993年又来到喇荣五明佛学院。从此，在一个新的起点上，我踏上了不悔的征途。

本来圆永以物理学研究者的目光，科学阐释和论证了佛法的许多原理，提出了自己独特的观点，令人耳目一新。但限于篇幅，这里只引用了其中的一部分。很希望因缘成熟时，他能够广论自己的学佛心得和他的佛教科学观。

这样做的结果，相信一定会对众生有利。

人体的组织蛋白，每过四个月就更换一半，

恒久不变的身体在哪里？

茫茫的无情宇宙间，这个思考者又是谁？

你问"我"，"我"问谁

记得有年冬天，圆稽抛开在大学任教的一切纠缠，风尘仆仆来到佛学院。结果没多久，他的妻子就泪流满面地追来。也难为她，只身奔赴这海拔近四千米的藏地高原，只为把丈夫拉回世俗之海。

我曾目睹他们的争执，圆稽不顾妻子的一再哭泣与挽留，斩钉截铁说出一句话："今生当中我一定要求解脱，一定要出家，绝不回头。"

最后他的妻子只能带着哀怨离去，而圆稽也最终在佛学院满了他的出家愿。

人世间，想十全十美甚至两全其美，是一种奢望。这种情况下，就看你要什么、选择什么。

当年弘一大师出家，他的太太也曾经找过他，但弘一大师连见面都尽量回避，他的太太也只得抱憾而归。

所以，我们当然要争取别人对自己出家的支持、理解，但当沟通尚显不可能的时候，我们只能，而且必须走自己选择好的路。

一旦抓不住此时、今世，等待我们的就只有轮回。

我的法名叫圆穑，出家前原是烟台大学化学生物理工学院的讲师，从事教学和科研工作。我所在的科研课题组曾多次荣获国家、省、市、校等各级各类的奖励，本人亦曾在《生命的化学》《中国粮油学报》《烟台大学学报》等刊物上发表过多篇科研论文。正当即将被学校晋升为副教授时，我再三权衡，选择了出家学佛的道路。

回顾这段历程，几多坎坷、几多风雨。想静下心来整理思绪时，才发现恍惚间我已走过了近四十年的人生路。

记得很小的时候，我就对身体、生命以及人的来龙去脉有着异乎寻常的兴趣。那时的我总是对自己瞬息万变的内心、奇妙诡谲的梦境、不断发育的身躯惊叹不已，同时又大惑不解。

为什么眼睛只能看到跟前，心却可以纵横上下几万里？为什么过去的人与事不能再现眼前，心却可以回忆许多年前的岁月？白天的感觉那么真实，梦中的情景在正做梦的人看来，又何尝不是，那么现实与梦的界限到底又在哪里？前年我比门前的小树高，今年我已超过它半头。它长大了要被人们采伐做成木材，我长大了会不会也像它一样，被人拦腰砍断？为什么它只能被我们利用，却不能反过来利用我们？将来的我又能不能自己做主呢？是谁在控制我们的一切行为与思想？是大脑还是心？这个心是心脏吗？如果是心脏，为什么肝脏却不能？它们不都是生理器官吗？为什么好多事情我都控制不了，包括控制自己的身体？思想既然可以超越时空，为何对付一个小小的躯体，却往往力不从心？我到底是谁？我从哪里漂来，又最终漂向哪里？是像爷爷奶奶那样，死后归于一抔黄土吗……

与生俱来的敏感与好奇，让我比同龄孩子多了几许成熟与思考，也让我丧失了很多童年应有的无忧无虑与天真烂漫。那时的我并不知道思考的魅力，只是觉得这些很明显的问题摆在那里，怎能视而不见？

我最终选择了北京师范大学的生物系，那年我十七岁，带着不解的疑团和对未来美好的设想，从偏僻的山东农村来到了令人眼花缭乱的首都北京。

第一次在高倍显微镜下看到细胞的结构时，我诧异极了：难道人体就是由千千万万个微小生命组成的吗？详细观察，一个细胞就像一个小社会，有指挥部、加工厂、通信组织、运输部门，它们相互间的联系与分工精密到让人目瞪口呆。

但让我不解的是：细胞就像电脑，都是物质的结构与运作，它们毕竟没有灵性。计算机是人设计制造的，比人脑还精确的计算及处理数据、信息的能力，都要靠人脑来赋予。人体细胞那种微细而精密的结构，又是靠谁来设计、安装和指挥运行的呢？那个能设计制造的具有灵性的"我"到底在哪里？

从小对生命本质的思考与苦恼，并未因迈进神圣的大学殿堂而得到缓解。我开始带着更大的困惑，长时间地思考这个问题。有一段时间，我非常兴奋地接受了生物进化论的观点，自以为对生命的思索从此可以画上休止符了。

进化论告诉我：在宇宙形成之初，原始的、没有生命的分子海洋中，由小分子相互间的作用，逐渐形成氨基酸、核苷酸等分子，这些分子进一步衍生，形成一些较大的分子，如蛋白质、核酸、糖等，再由较大的分子形成原始细胞。有了细胞，便意味着最初的生命就此诞生。生物体长时间的生活经验信息贮存在染色体上进行遗传，最后由类人猿就进化到人。

这种自然演变的进化学说可谓已达到了相当精确的地步，以至于有很长一段时间，我都以为那个有关灵性之"我"的问题已经解决了，我就是自然演化的结果。但时隔不久就发现，我被自己的思考欺骗了，自然进化产生生命，就如同计算机可以不经人类设计与调适，自行产生并运行，这合理吗？

随着大学生活的结束，我带着即将走上工作岗位的欣喜，也带着那份长久以来的迷茫，进入了社会这个更广阔的课堂。如果说在学校主要是靠大脑，并借助显微镜来推理、验证关于生命的种种假说，工作和生活则从另一个侧面愈加混淆了我的身份与职责。原先我不明白自己的生理与心理属性，现在我连自己的社会属性也搞不清了。

我被分配到青岛医学院，工作与生活中的烦恼逼迫着我反复思考人生。而茫茫的无情宇宙间，这个思考者又是谁？在父母面前，我是儿子；在领导面前，我是下属；在学生面前，我是老师；在师长面前，我是学生；在妻子面前，我是丈夫……仔细想想，一个人竟然可以同时拥有如此众多的身份，难怪人被称为最复杂的社会动物。但是人最基本的属性又是什么？

再比如一个人的名字，可以叫张三，改名后叫李四，别人也就随着叫起了李四。在背后，或许还会给他起上各种别名和外号。显然，名字与一个人的本性并没有必然的关联。以此类推，如果名字不是你，骨头、血液、器官等就是你了吗？

在一个以追求真理为己任的人看来，假如连真理的边都摸不着，这样的生活就算以锦衣美食来包裹，却与一只躲在贵妇人怀中的哈巴狗又有何异？在艰难的求索中，终于有一天，也许是因缘所致，也许是久已疲惫的心，想在红墙碧瓦间歇一歇，总之在一种难以说清的情绪中，我抬脚迈进了青岛湛山寺。

一个老和尚见到我，很和蔼地送我几本佛学小册子。他当时说的话，我至今记忆犹新："小伙子，只要能用一生的时间，窥探到佛法揭示我们本性的一点点光亮，就足以让你对佛陀的悲与智感激涕零。好好努力吧，莫辜负他老人家。你自己体会体会，看释迦牟尼佛是不是在骗你。"

老师父在说这句话的时候，我发现他那饱经沧桑的脸上居然有热泪滚落下来。我很感动，感动于一个老人对素不相识之人那种掏心掏肺的赤诚。当时我就在想，恐怕只有佛门中人才会如此以向众人传授真理为天然职责。不管这种真理是他们自以为是的真理，还是真正的真理，我都必须认真拜读一下这几本小册子，因为不想违背一个老人的善良心愿。

在那本书中，我第一次看到了"人是从光音天而来"的说法，这让我既震惊又好奇。书中说，光音天的天人看到地球上蓝色的海洋、绿色的大地，便飞到这里玩耍嬉戏。结果终因贪恋这个星球的甘泉与地肥，失去了飞行的神通，只能居留在地球上，由光组成的身体也成了有质碍的肉身。这种理论给了我一个最直接的启发：光音天人到地球上来是一种生命的轮回。同时它又引起了我更深的思考：光音天人又是从什么地方来的？

佛学打开了我认知世界的另一扇窗口，从此我开始留心起轮回理论，并渐渐认同了佛法对生命的解释。

一个明显的事实是，儿时同村、同时上学的伙伴，在同样的学校、同样的老师培养下，学习成绩却相差悬殊，每人的性格、爱好、特长，乃至进入社会后的经历都是迥异的，这绝不能简单地以随机理论来解释。很多时候，人们的境遇相同，命运却截然相反。

所以我相信，人应该有前世，每个人前世的行为、习惯、积累、好恶都不尽相同，这就是所谓的"天赋"。我认为这是我了解到的最合理的一种解释。

而那个一直萦绕脑际的有关"灵性"的问题，也在佛法的观照下涣然冰释。我相信存在一个自性的觉悟，它无始无终、无来无去。正像我们人体，因为心脏不断跳动，呼吸瞬间也不能停止，乃至睡眠时也不能让心脏、呼吸等器官处于"休眠状态"，这才能维持生命的延续。

同样，有一个无生无灭的觉性，我们才有了眼观、鼻嗅、耳听、舌尝、身触、意念的种种能力。否则，缺乏这个背后的主宰，所有器官就都只是无生命的零件。而人们最大的愚痴与悲哀就在于：只认识冲在前头的各种零件，恰恰忽略了背后的这个"将军"。

况且觉性也绝非来自父母的遗传，父母自己都迷迷糊糊的，又如何能把这灵动活泼的、能起现大机大用的觉性传给子女呢？所以自性本觉是无有生灭的，当它们因缘和合、与某个具体显现的张三、李四结合后，便因张三李四的俱生无明而被遮蔽了起来。张三李四无从得知自己的本有状态，这个觉性却依然在起作用。

明白了这个道理，我高兴得差点在大街上翻起筋斗来。因为从某种意义上讲，人可以永远不死，只要他真正体认到了这不生不灭的觉性。

1993年春天，单位派我到中国科学院上海生化所进行单克隆抗体的研究。这期间，我的大学恩师、著名生化学家吴国利教授死于癌症的消息让我沉默了好长时间。我在悲痛之余不禁感慨：吴先生毕生致力于研究抗癌瘤的生化机理，但在抗癌机制还没搞清楚的情况下，自己却死于癌症。这仅仅是他个人的不幸吗？不，这是许多知识分子乃至一般民众的共同不幸。

人们在忙忙碌碌中，无暇顾及生命的本质问题，不知不觉就将生命消磨殆尽；而一生所从事的事业，却最终如梦幻泡影般消失得无有踪影。生命的价值究竟在什么地方体现？

我越来越觉得，人生在世需要一种究竟、崇高的信仰，否则无明烦恼如何消除？不能掌握命运的无力感又如何排遣？随着学佛的深入，我日益感到现实世界的虚幻以及追求永恒觉性的必要。

拿我们的身体来说，从出生到衰老，它经历了一系列的变化，不仅外在面貌、形态一直在变，内在的生理、生化活动也从未停止。一般来说，组成人体细胞的组织蛋白，半衰期为一百二十天。也就是说，人体的组织蛋白每过四个月就要更换一半。恒久不变的身体在哪里？人们却为了这变幻无实的身体，造下如山的罪业。

况且，因果律是宇宙万法的根本规律，有现在的人类社会，在久远的过去就必然存在一个人类社会作为因。没有前因何来后果？过去无始、未来无终、现在不住，这迁流不息的表象背后，是人类乃至宇宙同一本体无有始终的存在。

但由于无明暗覆，我们却对过去世难以回忆，也难以认清当下、未来的生存实际。但我相信，在生生世世无有穷尽的时间里，如果致力于探索真理，我一定可以成为洞彻宇宙实相的智者，这才是最有意义的事情。

真理在哪里？我认为真理就在佛法中。

曾经有一位科学家找一位禅师辩论，禅师不与他辩，科学家对此很不理解。禅师就问："科学是否已发展到尽头？"科学家回答："没有。"禅师就说："待科学发展到究竟处，你再来与我辩论。"听到这个公案后，我认真阅读了很多遍《楞严经》，最终确认禅师的话没错。如果你不信，也可以打开《楞严经》去亲自验证一回。

在上海的日子里，我皈依了前来传法的清定上师，从此正式进入了佛门。同时我又发了一个大愿：愿能尽快出家求道。因为从那时起，我就渐渐对世间丧失了曾经的热情与幻想。

但是这个愿望的实现却整整花去我近七年的时间。2000年秋天，我才来到四川喇荣五明佛学院正式出家为僧，这其中的原委一言难尽。我只想说，所有真心求道的朋友们，如果想尽早趋入菩提正道，就千万别过早地背上家庭、情感的包袱。有些尝试完全可以推迟或干脆放弃，因为现世的生命只有一回，切记抓住关要。

明明白白一颗心，做人方可踏实、安稳。问问苍茫大地，有多少人能清醒地认识自心呢？既如此，我们匆匆忙忙地来世间走一遭，又是为了什么？

听了圆稽的叙述，我已了知他的全部见解与内心世界。特别想对当代、后代的人们说几句心里话：去研究、了解、掌握、超越生命吧。特别是关于前后世的存在、生命的本质，佛学已然给出了最究竟、科学的答案，穷此一生，我都将用佛法的观点与修证去体悟。唯恐自己达不到最圆满的觉悟，就只能与恶业、愚痴相伴。

而沉迷于肉体生命与物欲生命中的人们，又将在黑夜中昏睡多少时日……

杂志上登了一篇关于"印度小姑娘回忆前世"的文章，
令我陷入了深深的沉思。
六道轮回真的存在吗？如果生命是永恒的，
我何必还要惧怕死亡？

没有人降生，没有人死去

圆作不想我在文中提他的真名，大概是怕出名。

初识他大约是在1997年，地点是风景如画的杭州西湖。当时，他把我在课余时间写的随笔打印出来呈送给我。

我并不知道他是高校教师，只是在人头攒动中，一张陌生的面孔费劲地挤进来，再递给我一大沓打印稿，我被那张脸上洋溢的真诚打动了。

没过多久，他就来佛学院出家。四年的交往使我有充分的时间去了解这个非常聪明的修行人。

他的确很聪明，无论是在对世间法还是佛法的掌握与理解上。出家前，他曾就读于武汉工业大学资源工程系，后于浙江大学化工系计算机仿真专业取得硕士学位。在苏州大学计算机工程系工作两年后，来到了圣地喇荣五明佛学院出家。

利用他的专长，这些年他一直在打印室发心。有关上师法王如意宝的传记、系解脱法本，还有许多法像，都是他负责排版印制的。做这些工作时，他常常会迸发出许多充满智慧的点子，表现出独特的思维方式。

这么一个聪明而又有前途的人，不但舍弃了一切世间工作，以出家身份研读佛经、实证佛法甚深法门，还坚定地于2001年年初受了比丘大戒。

想知道这背后是怎样的因缘，就要从一句"人死如灯灭"谈起。

　　我的家乡在风景秀丽的皖南山区，那里有许多历史古迹与风景名胜。坐落在黄山与九华山之间太平湖畔的一个小山庄，就是我的出生地。

　　1971年夏天的一个拂晓，我来到了这个世上。据大人们说，小时候的我不爱哭泣，经常沉默不语。

　　在体弱多病中度过了童年，六岁时我就被父母送进了学堂。贫穷的农村，读书是孩子们跳出农门的唯一希望。在父母的严厉管教和谆谆教诲下，我从小就养成了爱读书、爱思考的习惯。

　　尽管这里是佛教圣地九华山脚下，但父辈们都成长在新社会，并不信佛。只是偶尔能从奶奶等祖辈口中，听到诸如"菩萨保佑""消灾免难""儿孙平安"等祈福的话语。她们生病了，就托人去九华山上的佛殿里弄点香灰，冲水喝下，并说这是仙方，能治百病。这时，我们这些孩子就会笑话她们："都新社会了，你们还那么迷信哪？书上说病是病菌感染引起的，一定要打针吃药。"但奇怪的是，有时候她们的病确实就这样不治而愈。

小时候，由于我既钓不到鱼也打不来鸟，常被伙伴们冷落，所以就自己看书，自寻其乐。《西游记》《封神演义》《上古神话演义》等都是那时候读的。我对小说里的神奇故事非常入迷，看着看着就进入了角色，仿佛自己也成了腾云驾雾的神仙。大人们常常斥为"神话与幻想"的荒诞故事，我却不以为然。

一天，邻居家的奶奶去世了，很多人都去哀悼。当时我不明白死究竟是什么，大人们就告诉我："人有生就有死，年纪大了，身体里的精华消耗完就死了，就像油灯里的油已经烧完，灯自然就灭了。'人死如灯灭'呀。"

他们的说法根本解答不了我的困惑，而两位表哥的死，更使我陷入对死亡的恐惧中。大约八岁那年，大舅一家因采食了有毒的野蘑菇，全家生病，大表哥更因抢救无效，过早地离开了我们。同时我二舅的独子，只有十五岁，却不幸得了骨髓癌，几个月后，也命丧黄泉了。这些发生在身边的死亡事件使我的内心受到很大的震撼。看来人不一定要到老年才会死，油灯也并非要到油尽了才会灭呀!

带着儿时的这些困惑,我进入了中学。中学的学习非常紧张,同学之间的竞争也很激烈。尽管如此,我对人生真谛和宇宙奥秘的兴趣却有增无减。

记得那时,杂志上登了一篇关于"印度小姑娘回忆前世"的文章,令我陷入深深的沉思。六道轮回真的存在吗?如果生命是永恒的,我何必还要惧怕死亡?

同时我也认真思考过爱因斯坦的质能公式$E=mc^2$,如果真像相对论所说的那样,以光速运行,就能永葆年轻,那我们不就可以不死了吗?

孰是孰非?这种未竟的探索一直延续到我的大学时代。

先是拼命从西方哲学中汲取养料,不论是黑格尔的辩证法、弗洛伊德的精神分析学说,还是尼采的"太阳之子论调",都统统往脑子里填。从中我明白了"心并不完全从属于物质",但关于生死问题的阴影,却仍未抹去。

又把目光转回自然科学。物理课上,老师讲到一个正电子与一个负电子接触后,将产生两个γ光子。电子是有静置质量的,光子却没有静置质量。这让我陷入深深的思索:宇宙最小的颗粒到底是什么?

百思不解中,现代日本物理学家汤川秀树的一句话深深吸引了我:"现代微观物理学研究的尽头竟然是来到了老庄的墓前。"也就是说一切从"无"产生,即中国道家所说的"道可道,非常'道'""'无',名天地之始;'有',名万物之母”。

受此启发，我又把注意力投向五千年的中国传统文化。我发现西方文明是从外求道，中国传统文化则是从内探玄。儒家强调"诚心正意""在明明德"，主要讲做人的道理。道家强调"致虚极，守静笃""心如太虚，返本还源"，主张一切清净无为，即可入道，这些观点都使我受益良多。但生死究竟、宇宙实相问题还是没能得到根本解决。

20世纪90年代"气功热"开始流行，我也"理论联系实践"，天天学习"站桩""静坐"，没过几天就有了"气感"，而且很快体验了"意念力"。但越练越发觉，这样下去终究没有太大实义。当时练气功的口号和宗旨无非是"强身健体，祛病延年""开发智力，造福人类"等，然而不论是身体还是智力，再好又有什么用？人生的价值到底是什么？就算长生不死，世界对你来说又有什么意义？

一天午饭后，到隔壁宿舍串门，见桌上有一套《三言》，随手一翻，看到了一个关于《金刚经》的故事，是讲读诵《金刚经》功德的，故事情节很生动感人。出于好奇，当天下午，我就到了学校旁边的宝通禅寺请了一本《金刚经》。一口气读完，似乎有种异样的感觉，仿佛心如止水。这是我平生第一次接触佛经。

心中的迷茫开始烟消云散，思想境界也陡然打开。我知道了，世界是无边的，时间也是无尽的，众生因无明而虚妄执著于"我、人、众生、寿者"，故而流转轮回，受苦无尽。

佛教原来是阐述宇宙人生真理的宝库。特别是对其中的"应无所住而生其心""若心有住，则为非住""一切有为法，如梦幻泡影，如露亦如电，应作如是观"等法句，我感触颇深，知道强行把念头空掉，根本不是道，而应该心如明镜，"胡来胡现，汉来汉现"，如此则全妄即真，则一切皆无非般若妙用。

此后，我又读了《六祖坛经》《心经》《圆觉经》《维摩诘所说经》等，对佛法渐渐有所了解，尤其佛陀宣讲的"缘起性空"，我觉得非常科学。自然界的一切事物都逃不出缘起规律：因缘聚合，万物产生；因缘分离，万物消失。仅有种子尚不能萌芽，还须有水、土壤、一定的温度等助缘方可。

记得看了《楞严经》后，心中大快。佛陀对波斯匿王说：一切外境都是无常，而人的认知能力——"觉性"则是永恒。也就是说，人死并非如灯灭。佛陀通过七处征心、八还辩见，终于让阿难尊者认识了觉性。佛陀还指出了世界的由来："空生大觉中，如海一沤发，有漏微尘国，皆依空所生。沤灭空本无，况复诸三有……"

至此，儿时的疑问全部得到了解答。

读研究生之后，我一边学习本专业，一边继续研究佛法，并越发觉得科学里面包含很多佛法的道理。拿我的专业来说，所谓计算机仿真就是用计算机模拟现实事物的发展变化。任何事物的发展变化都有一定的规律，我们可以对它进行数学抽象，也就是建立数学模型，事物的状态完全用数据表示。然后依靠计算机的强大计算能力，输入一定的参数，就可以计算出事物的发展状态，依此发现很多没有预料到的问题。

随着科技的发展，"虚拟现实"（Virtual Reality）技术已发展得相当先进，它的原理与上述"计算机仿真"一样，但是更为全面，即用计算机来仿真现实的外境。身体虽在一处，心却能如临其境地到他处旅游，甚至能感受参加足球比赛的滋味等。不过实际上，这一切全都是虚幻的，只不过是一些数据游戏而已。

其实，我们生活的这个现实世界又何尝不是虚幻的。大脑好比"数据处理中心"——计算机，眼睛、耳朵、鼻子等感官系统将外境的信息变成数据，传送给大脑，大脑经过模式识别，就认知了外境，然后指挥人体相应的部位，对外境做出相应的反应。

然而，感官有它的局限性。比如一个距离我们一百亿光年的天体，等我们看到它时，说不定它早已不存在了，因为我们看到的是它一百亿年前的情况。从眼睛看到物体，再到形成认知，总有一定的时差。也就是说，我们看到的永远是"事物的过去"。

而感官在告诉我们外境的信息时，也并非永远正确，特别是当感官出问题时。比如眼睛有问题，就会看到虚空中的空花。因而爱因斯坦感叹地说："时间和空间都是我们的错觉……

我们都是戴着有色眼镜在看世界。"

不仅五官会欺骗我们，心更是具有欺骗性。如"杯弓蛇影""情人眼里出西施""一朝被蛇咬，十年怕井绳""望梅止渴""良言一句三冬暖，恶语伤人六月寒"等。大量的事实表明，人的意识能改变物质。现代心理学的许多研究也说明，心理状态改变，外境也随之有相应的改变。这不得不让人怀疑外境的真实性，我们是否要用新的眼光来看问题？

其实早在两三千年前，佛陀就在《金刚经》中揭示道："一切有为法，如梦幻泡影，如露亦如电，应作如是观。"

三年的研究生生活就这样在探索中临近结束。毕业前夕，我常常在西湖边独自散步，静静思考着未来的路。何去何从呢？大部分同学要么是"铁托派"（铁了心考托福出国深造），要么是"直博派"（硕士、博士连读），我该是什么派？尽管尚未十分明确今后的人生方向，但我已对这个虚幻的世界生不起丝毫留恋，这一切全都归为佛法的熏陶。

苏堤上的依依垂柳在晚风中轻轻摇曳，翠黄色的嫩枝似乎要抚平心中的思绪。乳白色的月亮缓缓升起，湖中的小鱼不时地蹿上水面，荡起层层涟漪，圆圆的水月顿时变得奇形怪状起来。当波光粼粼的水面慢慢恢复平静时，我不禁想到了"猴子捞月"的故事。世人都笑猴子太傻，其实人又能聪明到什么地步？"千江有水千江月"，千人当中又有几人能返本还源、直认心月？哪个不是"起舞弄清影"，与幻象共舞？就这么思前想后了很长时间，最终为了有一个单纯、清净的环境，我选择了教师职业。

在苏州大学计算机工程系工作的日子里，我总是给学生重复着那些老教材里早已落后的知识。因为计算机行业属于新兴学科，每半年知识就有较大更新。所以一到领工资时，我的脸总是发热，心中很惭愧，这是误人子弟呀。再看看满头银发的老同事，他们有的已工作三四十年了，为了多涨几十元的工资考职称，竟还像中学生一样为应付英语考试忙得不亦乐乎。我不禁想：他们是不是我未来的写照呢？

几乎每隔几天，布告栏上都有新讣告贴出来，有老人，也有年轻人。那时我正按《大圆满前行》观修无常：一切都是无常的，有生必死，聚极必散，高极必堕……我真的觉得，众生那脆弱的生命简直就像秋天里的苍蝇，还能蹦跳几天呢？不行，我决不能就这样度过一生。

那就走吧，真真切切给心找一个不生不死的归宿。

就这样，我来到了喇荣。这里没有大城市里恼人的喧嚣，也没有社会上难以面对的人际关系。在自己的小茅棚中自在度日，闲时看书，累了可以享受阳光的温暖。有人说，人生最大的快乐就是做自己愿意做的事，诚哉斯言。

人生的道路是短暂的，也是漫长的，明天的话就留到明天再说吧。

我经常在打印室里与圆作为了编排法本而熬夜苦战，这次听他的故

事时也同样。大概是太累了，他边打瞌睡边讲，好几次都快要进入临睡

状态了。

　　暂时记录到这里，如果明天他还接着讲，我愿意接着听。

这世上可有人发明过恋爱成功机、
痛苦治疗器、烦恼永断仪？
为什么我们可以探索太空，
却无法面对内心的黑洞？

宇宙再大，大不过人心

在社会的各个领域，都有很多杰出的专业人才，他们不为人云亦云的观点所左右，凡事都要经过理智思索才会做出判断。有这样的一群知识精英，我们的社会才会如此百花齐放、推陈出新。

毕业于沈阳工业学院的圆学，曾经有过非常出色的科技发明，后来出家学佛，也正是基于理智判断的选择。

如果他不出家而投身于世间事业，一定会成为科技界的风云人物，但他却在佛学院安心地待了近八年。八年间，他从对电子科技痴狂，转为思索心灵世界。探讨佛法之余，在这个世界最大的佛学院，只要任何一个地方的电器设施出现问题，你都会看到他驾临现场、手到病除的场景。

我一直觉得圆学在电学方面似乎有着与生俱来的"神通智慧"，还从未见过任何有关电的难题难住过他，这的确有些不可思议。有时佛学院添置的一些复杂的电子器械出现故障，保险起见，我们会邀请成都等一些大城市的电子专家前来会诊。但当他们一筹莫展时，一直谦逊地站在旁边一声不吭的圆学，此时则会当仁不让，问题也在片刻之间得到解决。连法王如意宝晋美彭措上师都说："这个圆学，什么电子科技都懂。"

许多专家在惊叹之余向圆学建议，凭这手艺，在任何一个大城市都可以成就一番事业，圆学对此总是一笑了之。我很赞赏他对一位专家说过的话："钱算得了什么？精进修持才是人生大事。"

在一个晚霞绚烂的黄昏，披着黄色袈裟的圆学来到我面前。他的袈裟显得很脏，似乎长时间没有清洗，不过那张憨厚的脸却和他的心一样清净无染。这个擅长发明技术的比丘，正在进行一场关于心地的伟大发明。

　　小时候，我的动手能力是很强的，可能是家族遗传吧，我哥哥也非常擅长各种科技小制作。

　　记得上小学时，我经常跟在哥哥屁股后头，和他的那帮哥们儿一起捣鼓些小玩意。有时我们会制作一些航模飞机在操场上试飞；有时又会心血来潮自制几台电话彼此"喂喂"地大叫不已；有时还会制造几个小小的只有火柴盒那么大的收音机听听流行歌曲……

　　当时的我觉得科技是多么了不起。古人如果想从沈阳去北京，少说也得走上个把月。现在，如果坐飞机，不用一个小时就可以到达；古人经常感叹"家书抵万金"，现在打个电话，一分钟只有几毛钱；古人要想了解外边的世界，还得行万里路，现在拥有一台电视，便可眼观全球……那时我想，如果自己一头扎进科学的海洋，说不定也会对人类进步扑腾出几朵浪花来。

这让我对科技的发展分外关注，小小年纪也经常翻阅哥哥订阅的各种科普杂志。对电子技术的偏爱更是到了如痴如狂的地步，以至于放学回家什么都不想干，就想摆弄那些无线电，甚至通宵达旦地组装一些电器设备。在我心中，万般皆下品，唯有"电子"高。

年少的我还斗胆为整个人类设计了一张未来电子社会的蓝图，连如厕都实现了电子化，早上起来会有电子人主动帮你穿衣、洗漱，还会把鸡蛋剥好喂进你嘴里。当然，最让我头疼的作业，也早有电子人帮我做好，我所要担心的只是活得太长可怎么办……

对科技的狂热，让我最终选择了沈阳工业学院的电子技术专业，作为跨向电子时代的桥梁。这下可谓如鱼得水，我泡在工学院的科技氛围中不想自拔。不过人毕竟不是一件电子装置，可以拆了再装、装了再拆，或是坏了再修、修了再用。随着年龄的增长、社会的影响，我渐渐开始懂得，人这套"机器设备"实在是比任何高精尖的仪器都更精密、更神奇，因而也更值得去探寻他的奥秘。

冷冰冰的机器没有情感，而人却有着根本无法用电路图表示出来的"心"。有时候一边设计着电器的图纸，一边就在想，为什么不可以设计人的灵魂呢？我们发明了那么多东西，为什么却对能创造发明的这一主体没有实质性的研究呢？对这个问题思索得久了，我便会不由自主地扔掉手中那些零零碎碎，十分苦恼地自问："我是谁，又为什么要干科技工作？"

上大学期间，还有一件事深深地刺激了我。与我从小一起玩到大的一个哥们儿，也是科技迷，跟我在同一个系里读书，是同样能心灵手巧地搞出许多小发明的同宿舍舍友，却因为恋爱失败跳楼自杀了。

这真是一幕悲剧，又带点闹剧的影子。记得他在恋爱最苦闷的时期，曾不无调侃地对我说："要是能发明台'恋爱成功机'就好了，通上电，马上可以把恋爱双方牵引到教堂举行婚礼。"是啊，在得到他自杀消息的当晚，我彻夜未眠，翻来覆去都在想，这世上可有人发明过恋爱成功机、痛苦治疗器、烦恼永断仪？为什么我们可以探索太空，却无法面对内心的黑洞？

很多时候，人生观的变化就发生在刹那之间。当我一旦意识到无线电无法让灵魂安息、无法给心灵充电时，我便开始了茫然而艰难的发明"心地"的探索。我很想知道是谁在指挥我，这个"指挥者"又在什么地方？我所进行的一切活动的意义何在？它们符不符合"指挥者"的本意？这个"指挥者"最终会把我或者我最终会把这个"指挥者"引向何方？

那一阵子社会上正流行气功，就像每回爆发流感我都会被传染上一样，这次也不例外。可能是物极必反，气功当中有许多根本无法定量分析的神秘因素，让厌烦了定量分析实验的我，立刻产生了好感。再加上先我练功的一个同学介绍，练得好了，强身健体、焕发精神都是小意思，最要命的是可以成仙成佛、长生不老、凌空飞行……现在想来真是可笑至极，以往那么崇尚实践、崇拜科学的我，听了他的介绍，居然立刻欣然颇有向往之意。

可能这也是我爱刨根问底的一种习气显现，我马上抱着好奇心参加了一个气功训练班。这下可好，不出一个月就来感应了，而且感应之强烈、迅速让我感到害怕。但疑惑也越来越大，因为所有的这些感应都无法用科学公式加以解释。我的牛脾气又上来了，越是这样越要把这个问题搞个水落石出。就这样，从不爱看人文读物的我，也不得不翻开一些道家的书，试图从里面找到令人信服的理论根据。就是在这个过程中，我开始接触到了一些佛教典籍。

记得有一回，我无意间翻阅到一本禅宗公案，里面提到了气功老师推崇备至的一位道教人物吕纯阳，这引起了我极大的兴趣。它讲述了吕纯阳碰到黄龙禅师的一段经历。当年的吕纯阳自认为已炼成了不死阳神，正当他在黄龙禅师面前沾沾自喜时，黄龙禅师一语道破天机：你吕纯阳就算能活八万劫，八万劫过后呢？还得落空亡！

这个禅宗公案对我不啻当头一棒。我反问自己，你有了感应、有了遥视功能，又能怎样？生死面前，就算能像X光机一样透视张三、李四的脏腑，于你的解脱，于那个"指挥者"又有什么干系呢？而且一个人就算是入定活了一万年，于这世界、这社会又有何益？活着到底是为了什么？

真是一波未平一波又起。原想通过练气功找到生命的究竟答案，哪想越练问题越多。好在我这个人比较皮实，可不愿像我的好友那样，轻易就以生命为代价向烦恼、困难妥协。我非要把这些问题搞清楚不可。

从此我才正式走近佛法，这个转折在这一生中都将占据最重要的地位——尽管现在才走了人生之路的三分之一，但我完全可以得出这样的结论。特别是接触了密宗的大圆满后，我终于明白：我、人的一切造作，都是背后的"佛性"在指使。只是大多数人都被蒙蔽了清明妙心，如果能随缘应变，心不起分别、执著，就会感受到佛性的真正起用。

那时，山河大地无不与你一个鼻孔出气，全体为用，全用为体，科技、创造、发明乃至穿衣吃饭，无不是佛性的妙用。不明白这一点，你会永远被外相蒙住双眼，持续不断地造作，离心的本性越来越远；明白了这一点，则所有的人类活动都将在"即此用，离此用"的不执不离状态下，向心的本性回归迈进。

到那时，科技将会更加发达，而我们也不会执著，因为明白这些都只是心的显现。由此心态会越发平和，社会也越发走向良性循环。我们不再被欲望所左右，而能"随心所欲"地欢乐生存、欢乐发明、欢乐创造。

曾经醉心于科技发明的我，终于懂得，如果不明白发明的目的何在，就只能是进一步刺激人们的欲望而已。今天的人们基本上已坐上了物欲的风火轮，却不知科技这股旋风要将他们吹向何方。

冷静思考了很长时间之后，我决定出家修行。对社会而言，少一个科技工作者，地球照样运转。但对个人而言，我不想再把自己抛到轮转不息的生死业流中去。

也曾为出家修行还是在家修行苦恼了很久，但后来一跺脚、一咬牙，大丈夫本当顶天立地，于此末法时代，要做就做一个能修有所成的出家比丘。不然待在家里，恐怕这点雄心壮志又要被儿女情长耳鬓厮磨磨了去。人生已走过三分之一，剩下的三分之二岂不更要格外珍惜？难道还要把这宝贵的一分一秒，耗费在无谓的凡情琐事上吗？

做最有意义的事吧，横竖都是以生命为本钱。

就这样，1994年，我来到喇荣五明佛学院正式剃度出家。转眼已过去了将近八年。如果让我用一句话概括这几年的出家生活，最好的描述便是，我在这里找到了人生的真谛。

附带说一下，现在的我正负责管理整个佛学院的电器设备。当我拿起工具去修理大大小小的电路、设备故障，或因工作需要为佛学院发明、制造一些电子小设备时，内心便感受到以往从未有过的平和、自在的喜悦。

我将在上师的指引下走完未来的修行之路。我想亲身领略终点的风光，就像一定要把某个发明进行到底，好看到它的结果一样。这需要多少时间，我并不确定，但亲手栽下的梨树，相信总有一天能结出满树的硕果。

圆学不希求外面的声色世界，反而对心的本性孜孜以求。

其实当你睁开眼睛，凡夫的五蕴马上会被尘色所转。在这样的前提下，科学进步往往刺激着人类的物欲极限，人们的内心将离清净的生活越来越远。这样说并非站在佛教徒的立场贬斥科学，这其实正是许多哲学家、科学家的洞见。

英国历史学家汤因比就说过："在20世纪，人类已陶醉于工业技术的力量，但这毒害了环境，会招致人类的自我毁灭。人类必须获得反省和控制自己的智慧。因此，需要警戒极端的放纵和极端的禁欲，需要走中道。我认为这是21世纪人类应走的道路。"

圆学能从这一洪流当中抽身勇退，不能不说是一种远见。

追求及格率、升学率，

连思想品德教育都以分数来衡量。

在充满功利的思潮中，

学校教育该去往何方？

园丁也需要"浇灌"

几乎人人都有学生时代，当学生时也习惯以仰视的角度看着老师。

如果遇见真正的良师，对任何学生来说都是一种万幸，这样培养出来的学生将会是真正的社会栋梁。

但是当今社会，许多地方政府更注重经济发展，衡量经济指标的唯一杠杆就是金钱。这种环境下，教育成了社会发展的助缘，而不是基础。

再加上没有经济条件的家长，无力也无心投资子女教育；有经济条件的富翁又不懂如何培养子女的贤良人格，反而让孩子过早染上唯利是图的习气。这样的教育前景怎不叫人堪忧？

圆匠对此也有同感。毕业于山西师院的他，在多年的教学生涯中深刻感悟到，佛法的教育体系有多么完备和殊胜。

1988年，当我从山西师院西山矿务局师专数学系毕业后，便怀着满腔热情站在讲台上，开始了为人师表的生涯。

第一次挥动教鞭时，望着台下那一双双纯真的眼睛，我的内心有说不出的自豪。我终于体会到"人类灵魂工程师"的沉甸甸的分量——教师在一张张心灵的白纸上描绘的，是整个人类的未来。在传授学生专业知识的同时，更要把人类代代相传的优秀传统文化、伦理道德及人格操守，一点一滴灌输到学生的心田，使他们能成为真正对社会有用的人。

这种美好而神圣的工作让我感到无比光荣与满足。因此，从踏上教育岗位起，我就花上了全部的心血。每天从早到晚都与学生们泡在一起，辅导他们的学习，关心他们的身心成长。在我与学生们的共同努力下，许多学生都在国家、省级等各种数学竞赛中获奖，中考时也取得了非常出色的战果。

事业上的成绩可谓有目共睹；家庭生活中，我的妻子小成也是一个标准的贤内助。我们夫妻感情十分融洽，旁人都非常羡慕我们的幸福生活。

如果不是因为我们的朋友小王夫妻俩，可能我和小成就将沿着既定的生活轨迹平稳地走下去了。尽管刚开始，我们并不觉得自己发生了多么翻天覆地的变化，但后来仔细回味，学佛的最早因缘应该就是从见到他们时开始萌发的。

很长一段时间，我们都没有见到小王夫妇，再次团聚时，我和小成都感觉到，他俩说话随和又庄重，和从前判若两人，一问才知他们开始学佛了。可能是想把自己的心得尽快与好友分享吧，谈话间小王一个劲儿地给我讲人生如何痛苦、山河大地等器世间都是业力所感召、六道轮回的真相，等等。一直接受唯物论、无神论教育的我嘴上尽管不说什么，心里却一直在嘀咕："唯物主义不是说世界是物质的吗，怎么会是由什么'业力'形成的呢？况且现在人们的日子不是越过越舒坦了吗，怎么又说人生皆苦呢？"我想到了小时候看过的《西游记》，就觉得小王说的可能是神话故事。

以后我们又去过小王家几次，他们还是很积极地向我们宣讲佛教常识，并反复申说皈依三宝的好处。但是我的性格比较固执，不会轻易接受一个新的我不太了解的观点。有时我也偶尔翻阅一下小王送的佛学入门书，却仅仅把这当作一种消遣罢了。

生活照旧进行，当日历翻到1995年暑假时，我和小成决定去一趟五台山参观游览。

虽处盛夏，五台山给人的感觉却是那么凉爽，阵阵山风给来自四面八方的朝山者和游客送来缕缕清凉。在山西待了几十年，我还是头一次登上这座佛教名山，也是头一次见到出家人，他们身上的那种超然物外、清净古朴的气质，让我舒心悦意。这种感觉既熟悉又陌生。

我们随着熙熙攘攘的人流在各个寺院参观，也会不由自主地跟着旁边的善男信女在文殊菩萨像前磕个头、点炷香。路边的商店里播放着佛曲梵呗，悠远的音声似乎来自天籁之乡。隐隐约约，我心中好像有一股莫名的情绪，跟着乐曲共鸣激荡。于是离开时，我请了一盘观音圣号的磁带。

五台山一游，那巍峨的大白塔、雄浑古朴的寺院、庄重端严的出家人，都给我留下了深刻印象。从五台山回来，山上的清凉似乎也被带回了酷暑难耐的家中。

有一天深夜，工作上的烦乱让我久久不能入睡，心头一亮，便打开收录机，把那盘观音圣号放了进去，"南无观世音菩萨"的唱诵立刻弥漫在静谧的夜里。刹那间，小王送给我的书中，那些观音大士救苦救难的故事，便不期然浮现在脑海中。四周寂静无声，清亮的月光下只传来一声声清净、悠扬、充满悲悯的圣号声。我一遍遍用心聆听着，只觉得今夜这宁静是属于我的，这蕴含着平和气息的空气是属于我的。天地与我同一，而我早已悄然融入观音菩萨的心间……

也不知过了多久，我才从空灵一片的沉思中回过味来。一低头，却发觉不知何时我已泪湿胸襟了。这满含慈悲的圣号，让我生平第一次感受到，犹如站在高山上俯视人间痛苦的凄怆，我开始有些明白小王经常挂在嘴边的那句话"人生皆苦"的意味了。当时我就在想，三年来小王给我讲了那么多佛法，却被我漫不经心地忽略，从今天开始，我一定要仔细看看那些佛书里到底都说了些什么。

扫除了漫不经心，我小心翼翼地在夜深人静之时，认真打开了第一本佛经：《金刚经》。

今天想来，就是当初那一声声"南无观世音菩萨"，才唤醒了我沉迷已久的心，才让我体会到失去母亲的游子、孤儿的心境。

参阅了一段时间的佛教经论，对佛法有了基本的了解后，我和小成在一个秋高气爽的日子里同时皈依了三宝。不久，我们又在皈依恩师的指点下，共同来到举世闻名的正法道场——喇荣五明佛学院，在这里得到人天导师、众生怙主法王如意宝的慈悲摄受，并从此走上了一条趋向解脱的光明大道。

从佛学院参学回来，我和小成都对佛法有一种相见恨晚的感觉。释迦牟尼佛对宇宙人生真相的揭示让我大开眼界；佛菩萨们的深广智慧与无私大悲令我自惭形秽。我不得不重新审视自己及周围的一切：作为一名教师要为人师表，自己与同事们平时虽也道貌岸然，但哪个内心不是充满贪嗔痴？每日为柴米油盐奔波，为你长一级工资、我当一回先进吵得不可开交，直至退休，难道这就是人生？

对比诸佛菩萨、高僧大德的伟大品性，我感到自己无地自容。佛陀的教育，是调伏自心，开显本有的智慧，以悲智双运再塑完美人格、再造理想社会。原以为自己好歹也算个正人君子，不偷不抢，工作认真，但对照佛陀倡导的五戒十善的人格标准，还是相差甚远。更重要的是，内心深处还有一些很难对治的阴暗面。自己都"营养不良"，又如何灌溉他人的心田？再想到同事之间抽烟、喝酒、打麻将等行为，我越发感到"人类灵魂工程师"的称号太难名副其实。况且仅注重追求及格率、升学率，连思想品德教育都以分数来衡量。在充满功利的思潮中，教育该去往何方？

我常常想，佛陀揭示的因果规律、善恶业报、大悲心、菩提心、平等心，都是最好不过的思想品德修养。可是有几个人懂得用佛法调伏烦恼，进而塑造美好心灵？

我把越来越多的时间与精力投入在闻思佛法上。但越深入就越发现自己的学佛大都停留在书本或口头上，很难融入内心。学了几年佛，烦恼依然未减，再这样下去，真要变成口头禅了。究其原因，一是没有上师调教；二是没有在清净道场专一行持。自己毕竟还是一个凡夫，在浊流当中打滚久了，那点善根别说增上，没被吞没就算万幸了。

也就在此时，我和小成有缘拜读了《佛教科学论》，上师的金刚语让我俩叹为观止。有时候，善根的成熟只需要那么一点"酶"的催化，《佛教科学论》中的真知灼见就像那一点"酶"。我们反复品味着这么几句话：眼前的一切无常而没有实义，夫妻感情再好也有分离的时候，父母的养育之恩，仅靠给点钱或待在身边孝养天年并不是最好的报答方法……

思前想后，我俩都觉得只有到喇荣五明佛学院这个清净道场，跟着大恩上师出家修行才是最好的出路，才不会辜负了大好年华。

下定决心是在2000年春节左右，那时学校刚好给我们分了一套房子，工资也马上就要上调了，但我和小成对这一切已经毫无兴趣。我们毅然辞别双亲，登上了列车，向着佛学院飞奔而来……

转眼间一年过去了。在这一年里，大恩上师满了我俩的愿——我们出家了！

出家，百万劫当中也不知能有几回。因此我格外珍惜在这里的每一分、每一秒，我想把上师传讲的无上甚深微妙法全部吸收到自己的脑子里，想快一点尝到法乳的甘美之味，还想尽早把自己的所学奉献给社会……

在佛学院我才深刻体会到："人类灵魂工程师"这一美誉，只有献给大慈大悲的上师、三宝才是最合适的。上师的慈悲让我感动，上师的智慧令我叹服，上师的恩德催我奋进。每当我和道友们迎着晨曦前往经堂，听闻上师们传讲妙法，我的内心总是激动不已。真想告诉每一个人，这条路我是走对了。

圆匠和小成在不断地成熟善根、因缘具足后，最终踏上出家之路。他俩放弃对家庭欲乐的贪求，来到寂静的喇荣山谷，过少欲知足、修学佛法的生活，没有坚定信仰的人是做不到的。有人可能百思不得其解，但对享受佛法甘露的人来说，这其实是很自然的事情。

寂静生活不单是出家人的专利，许多淡泊寡欲的在家人也非常向往这种人生。美国第一任总统乔治·华盛顿在独立战争胜利后，就主动辞去大陆军总司令职务，不当"国王"当农夫，回到弗农山庄当起了他的种植园主，重温"在我自己的葡萄架和无花果树下乘荫纳凉"的宁静生活。

作为一名凡夫，我偶尔也会对世间美景产生瞬间的贪恋，但大多时候，最满足的还是简单的修行生活。非常喜欢孔子的一句话："饭疏食饮水，曲肱而枕之，乐亦在其中矣。不义而富且贵，于我如浮云。"

在孔子"粗茶淡饭，拿手臂当枕头，富贵于我如浮云"的心境上，若再加上"清净闻思佛法"这一条，岂非妙哉？

我每隔几天就往家里打一个电话，

告诉父母我在外求学经商，一切都好，

请他们不要挂念。哥哥姐姐自然也帮我几句腔。

父母一直耿耿于怀的是，

这个雨来怎么八年都不回来看看爹娘呢？

孝，不在朝朝暮暮

色达的夏天迷人至极，尤其是我院子里的夏日风光。

花丛中似乎聚集了所有的颜色，让人以为姹紫嫣红的春天还在继续。一些小松树、小柏树间杂其中，青青的、嫩嫩的，在夏日晚风中轻轻摇曳。偶尔从地洞中、树背后还能发现几只探头探脑的小兔子，悄悄向四周张望。在黄昏灿烂而透明的光线中，蝴蝶蹁跹的翅膀划出美丽的弧线。

经常有人说我的院子像个植物园，还有人说像印度的红花花园，我却觉得它叫书院最合适。我在这里闻思、翻译经论，这个小天地与鲁迅先生、苏东坡居士的书院该没有太大的差别吧。

正在青草地上看书的时候，圆策拿着一尊文殊菩萨像来到我面前。

"又要让我开光哪？"我合上书卷。

"麻烦上师了。"他有点不好意思，"上师，您什么时候也给我的脑子开开光。"他摸摸自己的脑袋。

"可以呀，"我冲他笑笑，"到这里有七八年了吧？智慧还没打开呀？"我接过文殊菩萨像。

他又是那么憨憨地一笑。

八年前，圆策悄然离家，这些年一直隐瞒着出家的实情，在深入经论的日子里，他没有忘记远方的父母，常有消息往来。

他说，八年前的雨来已经有了新生，期待有一天，父母能叫我一声圆策。

听母亲讲，我出生的时候窗外正下着瓢泼大雨，等父亲浑身湿透地领着接生的医生赶到时，我已经急不可耐地呱呱坠地了。兴奋得不知说什么好的父亲，便脱口而出给我起了个名字——雨来。

在雨中，我降生到人间，大千世界中从此多了一个叫"雨来"的小不点留下的足迹。不记得儿时享受过什么珍馐美味，但在非常贫寒的家境中，那种暖融融的和睦气氛却长久留在了记忆中。

父亲每月工资只有三十六元，却要养活一家七口。我深知父母捉襟见肘的窘境，便经常做些力所能及的事以减轻他们的负担，比如常和哥哥爬上高高的榆树去摘"榆钱儿"，以充全家之饥。每当黄昏掌灯的时候，全家老少围坐在一起，听着窗外淅沥的雨声，品着满屋子氤氲着的榆花略带苦味的香气，那时候，我也大约能体味得出"合家欢"的美好含义了。

昏黄的灯光中，每一张泛着温情、开心的笑脸，还有那一大盘冒着热气的"榆钱儿"，便形成了我对童年最温馨的记忆。

在艰辛中长大，清贫随着时间的流逝渐渐成为记忆中的风景。哥哥姐姐都相继大学毕业并找到了理想的工作，我也考上了财贸管理学院学习经济管理。

大学给了我充分的时间去阅读。喜欢历史、名人传记的我，广泛浏览了东周列国、先秦两汉的史料。每每读到诸侯争霸、忠孝节义之臣慷慨赴死的情节，我便忍不住遐想联翩、魂魄飞荡，想自己什么时候也能报吾土吾民，以济苍生；看到奸人佞臣，便往往拍案而起，恨不能一手擒来、诛而杀之。就这样在踌躇满志、幻想与失望的交替来袭中，度过了少不更事的大学时代。

在人间的生活好像就是这样，每个人都沿着命定的轨迹匆匆向前。前人如此、今人如此，后人还将重演相同的故事，只不过换个躯壳、换种方式而已，生活的实质本无不同，无外乎生老病死。

毕业后，我被分配到广播电视局，担任会计并负责广告的宣传策划。日复一日的生活中，我也没觉得就这样过下去有什么不好，反正大家都这么过。只是偶尔会有一丝淡淡的失落、伤感涌上心头——真就这样过完一生吗?

每当这时,我总爱站在地图前,在想象中跨越高山与大川,让封闭于狭小空间的心得到暂时的释放。我的手指抚摸过云南的西双版纳、西安的兵马俑、成都的都江堰……每当目光停留在四川的时候,心总是备感亲切。我常常指着它喃喃自语:以后一定要到那里去。现在回想起来,那是怎样的一种因缘?我最终踏上了这片土地,并且一住就是八年。

世间的生活按部就班地继续着,直到那次拍摄广告。命运往往就是这样,在一瞬间被彻底扭转了方向。

那天,我和同事到郊区集贸市场采访拍摄,收工后正准备回家,忽然看到一队人马吵吵嚷嚷往一个院落里涌去。我也不知哪儿来的兴趣,便鼓动同事一起去瞧瞧热闹。刚到门口,"华严寺"三个大字便赫然入目。我不禁诧异万分,在这里生活了这么多年,竟不知道眼皮底下还有这么一个寺院,赶忙拽上同事随着人流拥进去。

里边的庭院不大,三间瓦房里供奉着几尊佛像,有一个经书流通处,两边是简单洁净的僧寮。一位师父见到我们后,很热情地迎了出来。我们都是初次与出家人见面,根本不知该说什么好。师父便送了我们几本《觉海慈航》《因果轮回》之类的小册子,嘱咐我们回去后静心地看。

想来,这就是我与佛教的初次结缘吧。本来大脑中一点佛教的概念都没有,更甭提什么信仰了,还多多少少以为那是迷信,反正从来也没研究过。那次的不期而遇却让我心中产生了一些涟漪。出家人那么热情，这寺庙看起来也不错，那就看看佛教到底说了些什么。就这样，我首先打开了《觉海慈航》。

看过之后，我虽对里面的观点不能完全接受，却对善恶有报很认同。还有些问题不明白，便想去问那位师父。这样一来二去，我也就成了华严寺的常客。

往寺庙跑的次数越多，越羡慕出家人那种超然物外、悠然自得的心态。同时也渐渐对世人不解生存之苦，反而执著于声色犬马、钩心斗角感到乏味。联系曾经读过的春秋史册，越发感觉今人之唯利是图、为钱丧命、损人利己、中饱私囊，与古人所谓"丈夫宠辱不能惊，国士如何受胁凌。若是忠臣奉廉洁，外人未必敢相轻"相比，简直不可同日而语。

这时候，我的思想开始起了波澜。到底是别家辞亲走到青灯古佛黄卷中，还是继续做我的财会和广告呢？

1994年3月，四川成都昭觉寺的一位法师到我们那儿传法，对我教益良多。法师言谈举止间总是透着一股飘逸脱俗的风韵，而且佛法造诣颇深。记得他反复对我开示，讲明人身难得、佛法难闻的道理，有几句话留给我很深的印象："你以为你能活多久呢？是不是可以万寿无疆？有限的人生除了用来上茅房、进厨房、躺床上，是不是还该干点别的？"

想起自己往昔的豪言壮语，细细斟酌，发现那毕竟不是利益大众的真正道路。自己喜欢的那么多春秋义士、战国英雄，别说扭转历史了，有哪一个能扭转得了自己的人生呢？看来只有精进闻思修，将来弘扬佛法、净化人心才是正途。

我朦朦胧胧的出家志愿开始日渐清晰了。与这位法师商议时，法师说：出家实乃大丈夫之举。但最好能把父母安排好，不要有后顾之忧。

这个时候，我开始体会到"自古忠孝难两全"的滋味。父母恐怕是安排不好了，他们无论如何不会同意我这个孝顺儿子去当"断子绝孙"的和尚。无奈，我只好骗他们说要去美国小姨家，并说朋友在北京已替我办好了护照。本想星期天走的，不想，星期五就被姐姐发觉了，她一言不发红着眼圈就要进父母房间。我一把拉住她，小声抽泣着说："让我干我想干的事吧，否则我会痛苦一辈子的。"

我就这么拽着她的衣袖，她就那么红着眼睛看着我。过了很久很久，姐姐叹了口气，哽咽着说："你走吧。"说完转身就扑进了自己的房间，关上房门的一刹那，我看见她的后背在剧烈地颤抖着。

当天中午，我就到单位把事情处理完了。回家后，看到老爸老妈正在客厅里看电视，姐姐一言不发地陪着他俩。等到我进去，姐姐硬挤出一个笑脸，在我眼里，那比哭还让人难过。

我最后望了一眼这个尘世中的家，望了一眼操劳大半生的爸爸妈妈，心中一阵酸楚：今天我就要离开你们了，以后我就没有世俗的家了。

掩上门，我悄然离去……

时至今日，我出家的消息一直瞒着父母。在雪域高原，在喇荣，八年来，我每隔几天就往家里打一个电话，告诉父母我在外求学经商，一切都好，请他们不要挂念。哥哥姐姐自然也帮我几句腔。

父母一直耿耿于怀的是，这个雨来怎么八年都不回来看看爹娘呢？

我现在已不叫雨来了，八年前剃度的那一天，我就有了个新的名字，叫圆策。什么时候，父母能叫我一声圆策呢？

在人间，就有许多这样的无奈，每个人都不可能活得圆满，就看你如何取舍。我只能选择舍弃小家，否则带着这么多羁绊，又如何走上出世间的大道？现在我最强烈的愿望就是快快修成，好有能力去解救父母以及如父母一般的无边有情。愿所有众生都能在佛陀的大家庭中，享有生命最自在的欢唱。

圆策讲完的时候，太阳已经西坠了，它的最后一抹光亮在文殊菩萨像的脸上淡淡地敷上一层金辉。四周静谧极了，飞舞了一天的蝴蝶此刻静静地伫立在青草尖上。很少见过如此绚烂的翅膀，金色铺底，上面点缀着星星点点的橙红色花斑，在黄昏柔和的气息中微微浮动。我和圆策此刻都把目光专注在了它的身上……

家人给我买了上千元的奢华时装，

他们说："趁现在年轻，好好打扮。人死如灯灭，再不玩

就晚了……"

我想起了悉达多太子，如何舍弃万千荣宠，为道苦行。

再不修行就晚了

北京是全国的政治文化中心，那些名闻中外的名胜古迹，故宫、颐和园、长城……令很多人为之神往，希望有朝一日能踏上这块古老而神奇的土地。

圆成就是一名毕业于北京北方交大的大学生，却最终离开了这座让许多人留恋不已的城市，来到远离喧闹、繁华的雪域净地求法。

她常常为佛陀的故事泪流满面，一心追随导师的足迹，去实践一种远离过失的生活。

我毕业于北京北方交通大学，毕业时获工程学士学位。

在大学二年级下学期，我开始信仰并研究佛学。周围的同学对我学佛的举动甚为不解，尤其是看到我去寺院顶礼佛像、参与放生，有的竟怀疑我是否精神有问题。还有的则开始杞人忧天：这人以后可怎么活呀？

每当放假回家，我也喜欢静坐念佛，并为家人宣讲因果。家里奶奶、父母也认为我在搞迷信，不现实，头脑简单。面对亲人的反对与指责，我并没有动摇对佛法的信心，相反，一有时间就涉猎有关佛教的杂志与经典，以加深对佛理的认识。就这样，我边生活边学佛，直至最后来到喇荣圣地，并成了一名出家佛弟子。

对于人们的种种疑惑与看法，我心里是怎么想的？我是如何走上学佛之路，又是什么原因使我义无反顾、坚定信心的？

回想起来，最初的学佛缘起应该追溯到1996年。那时，我学习勤奋，从不懈怠。由于学的是机械专业，面对陌生的《机械原理》《机械制图》，我总是要花比别人多几倍的精力，有时一张零号的大图纸要连续画几天才能画完。

平时我就特别喜欢钻研，并因此参加了学校和北京市举办的多次数学和物理竞赛；我也曾在学校举办的绿色军营演讲赛中获得过第二名……不过这些如梦如幻的往事，我都已淡忘了。

没有晚自习的时候，我就到校图书馆四楼的阅览室去阅读报刊。有两种杂志我最喜欢看，一个是《名人传记》，一个是《气功与科学》。我虽然从未练过气功，但对那些神秘的事情和养生之道很感兴趣。

　　一次，看到《佛教文化》中有一则简讯：当代一位著名生命科学家将在北京云岗举行生命科学讲座，我便马上跑去了。在他滔滔不绝的讲话中有一句触动了我的心灵。他说：你们听了这堂讲座后，也许会特别喜欢读佛经。尔后他就发给每人一本书，书中有《般若波罗蜜多心经》的解释。

　　这是我平生第一次读佛经，满怀着喜悦和好奇。书中说："房子有成、住、坏、空，身体有生、老、病、死，身体不是真正的'我'，它就像一座房子，本性是无常空性的。"我反复琢磨，觉得这些话很有道理。既然连身体都没有什么好执著的，身外之物就更不用说了，没有必要为了这些造作恶业。

　　从此以后，我在待人处世方面便不再像以前那么执著，对饮食、着装、财产、名利、别人对自己的看法等，也不再有非理的要求。这些改变让我开始体验到一种前所未有的快乐、幸福和安宁。一位大德说过："知足是最大的财富。"而只有懂得佛法中最基本的苦、空、无常、无我的道理后，才能做到真正的知足。

　　一次偶然的机会，我在校门口买到一本《净土五经》，随后就非常恭敬、认真地阅读起来。当时，虽没有多少佛法基础，可是对经中所说，诸如对人莫造恶业；莫要杀生；莫欺诈经商；莫对父母不孝；莫对师长不敬；死时独去独往，唯有善恶业如影随形，其他富贵、权势、亲人等无有任何助益等的教言，我却深有感触。

后来又阅读了郑孝时居士在五台山编写的《释迦牟尼佛传记》，顿感整个身心都受到了洗涤。我经常被感动得泪流满面，从此才算理解了印度前总理甘地所说的话："他（释迦牟尼佛）的巨大贡献，他的出家学道和毫无瑕疵的生活，在印度教中留下了不可磨灭的印象，印度教也会永远感激这位伟大的老师。"

记得佛说过：人身难得，心即是佛。心能作天堂，心能下地狱，心能成饿鬼，心能作修罗。心善则一切善，心恶则一切恶。这些深入人心的话语，更使我认识到佛陀的伟大。我想：要听佛的话，好好修自己这颗心。

1997年春天，我从《英语周末》上看到一篇介绍北京千年古寺法源寺的文章，并且还附有彩色照片。其中有一张是一个出家人正在寮房门口静坐，他身穿蓝色海青，双手结印，身体端直。这张照片令人油然而生一丝敬意。

在一个休息日，我便和同学一起朝拜了这座寺院。临走时，我们遇到了一位老师父，他坐在千佛殿门旁的长椅上，让我们坐下，然后开示说："学佛好啊，皈依三宝，不堕恶道；念阿弥陀佛，往生极乐。好好做佛弟子吧。"老人手捻念珠，嘴里不停地念着阿弥陀佛，不快不慢，满脸红晕，眉毛垂至眼角，我和同学从心里都很喜欢他。

同年4月份，我们又去了法源寺，当时正好赶上受三皈五戒。我问身旁的居士："皈依到底是什么意思？不皈依的善人与皈依的恶人有何区别呢？"她说："皈依就是一心一意地依止、依靠。世间的天龙鬼神以及亲友都不能救度你跳出六道轮回，

只有佛陀已超出三界，才有这个能力，'天上天下无如佛'
啊。不皈依的人虽然行善，但是福报享尽后，终要堕于恶趣之
中，解脱遥遥无期；皈依的人作恶，当然要受恶报，但恶业受
尽后，他还会投生善趣，因其往昔皈依的善根种子能使他速遇
佛法，从而得到究竟解脱。"

我一边思考着居士的话，一边心想，到底要不要皈依呢？
我的同学也陷入了犹豫之中。大殿的门此时已经开启了，求皈
依的善男信女们开始陆续进入殿中。我发现人群中有与我同龄
的，还有小孩子，而且又大都长得慈眉善目，于是我便也拉着
同学进入了大雄宝殿……从此我们便正式成了佛弟子。只不过
后来，我的这位同学一心专注于世间八法，根本不再研究佛学
了，因而她的烦恼丝毫未能减少。

再后来，我便知道了法王如意宝的名字，那得益于一本介
绍圣地喇荣的书。书中写道："凡对上师如意宝有信心，见到照
片、听到上师的声音，与上师如意宝结缘的所有众生，都必将
往生极乐世界。"当时我的心十分迫切，每晚都要观看上师如
意宝的照片，并祈祷能早日见到上师。又因为知道喇荣圣地有
讲经说法，可以闻思修行，而且圣者云集，所以我也非常向往
能到这里来。

结果正像人们所称叹的那样，上师如意宝不愧是圣妙吉祥
文殊菩萨的化身，他与佛陀无二无别，了知每个众生的心愿。
毕业后不久，我就实现了自己的愿望，顺利来到喇荣，并成为
一名出家人。

　　从离开校园到来佛学院之间的这段日子里，我留在北京的一家公司。当时许多人都为我能留京而羡慕不已。但我待在公司的时间越长，心里反而越不安。我无法忍受公司里的溜须拍马、尔虞我诈。我看不惯虚伪，更不忍心骗人。但在公司里，作为一个职员，你能干的只有这些。我的厌离心就是在此时开始萌生的。

　　而家人庸庸碌碌的生活方式更增加了我对这个世间的厌恶。家人给我买了上千元的奢华时装，他们说："趁现在年轻，好好打扮。人死如灯灭，再不玩就晚了……"我想起了悉达多太子，如何舍弃万千荣宠，为道苦行。

　　我很难跟他们解释，但也由此知道了我必须去喇荣，而且越快越好。因为在那个没有一间寺庙、没有一点正法的家乡，父母家人一定会将我刚刚萌发的一点善根，连拉带拽地再次拖入生死河中。

　　对我而言，前面的故事已告一段落，在未来的修行之路上，我将牢牢记住《二规教言论》中的两句话："虽此大地满恶人，然自当持高尚行。"我也愿以此教言，与所有有缘者共勉。

现在的许多年轻人都把豪华别墅、宝马奔驰当作自己一生的奋斗目标，他们对名利地位趋之若鹜，对声色犬马津津乐道。可他们并不明白，这一切对人的灵魂塑造、心理健康有着多么大的负面影响。我个人坚定地认为，圆成的选择才是真正明智的。

再来看看藏地的孩子，他们一般都秉性善良、心地纯朴，因为极少受到现代社会穷奢极欲生活的影响。而在大都市中，所谓的现代文明却正以影视等媒体为先导，在畸形膨胀的经济浪潮裹挟下，铺天盖地地渗入生活的方方面面。想到这儿，为藏地的未来，不免忧心忡忡。

任何一个品行端直的人都会感觉到，浓妆艳抹掩盖下的往往是一张张苍白的面孔；奇装异服包裹的常常是一个个干瘪的灵魂。美好的青春年华怎能在歌舞厅、酒吧、网吧里寻欢作乐，百无聊赖地虚耗？年轻人，应该反省反省了，沉溺于物欲的生活，对你的心灵成长到底有多大的好处？

青春易逝，切莫让年华付水流。

没什么放不下

——

一个人的圣地

有人认为我将成为书法家；有人把我当作"大众情人"；舞场中，我的劲舞很受欢迎；戏台上，扮演"流氓"角色是我的一绝……他们都接纳了我这世俗方面的显现，却将我的信仰仅仅当作是一种人生的戏要。

一位女生说："他会出家？我才不信呢。"

信仰不是一句玩笑

圆修是成都电子科技大学英语系的本科生，1999年来到佛学院。他年龄不大，但性情温和，老成持重，所谓"疾言厉色"在他的脸上是看不到的。

在一次管家会议上，我问起他的学佛因缘。他敞开心扉，讲述了一段心灵蜕变史。

从"及时行乐"到"及时行善"，佛法带给他的改变难以想象。

他说要神游内心的无极风光，纵使身边无人喝彩。

学佛是我真正懂事以后的人生选择。而在小时候，家乡用来骂人的最厉害的一句话便是："你咋不去当秃子？"这种蔑称，使我幼小的心灵中对出家人产生了一种非常不好的印象。

小时候我挺怕死的，所以非常喜欢"及时行乐"这句话。万一哪天没命了，人生中的许多乐趣却还没尝到，岂不太亏了。因而初中时我就"及时"地抽烟喝酒，如此"行乐"了两三年，结果考试成绩经常名列倒数前几名。乐趣没找着，母亲倒是痛哭了几回，以致最后补习了一年才得以混进高中。

高三时，偶尔接触了"潜息气功"，按照它的要求修炼了一段时间后，浑身上下出现的现象让我既新奇又大惑不解，这是我从小到大从未有过的身心体验。可能我们对身心世界忽视得太久，一旦"潜息气功"重新打开了这个窗口，才发现自身原来蕴藏着如此巨大的潜能。

练了一年左右吧，身心的确有所改观，自己的觉受和同学亲友的一些实例，让我对特异功能的存在确信不疑。但有一日，忽闻初中时的一个女同学因舞场惹祸而横尸家门，这个突发事件让我不得不重新审视生命的含义。我本来就怕死，现在又亲眼看见了生命的脆弱，人生苦短之感便渐渐充溢于胸了。

这时，一位同学给我推荐了几本书：《向知识分子介绍佛教》《一位科学工作者研究佛经的报告》及《佛学群疑》等。本是带着挑剔的目光来看这些书的，只准备将佛法当作修习气功的辅助而已。谁料在一段时日的阅读之后，原先对社会、人生的一些苦闷与迷惘，竟在经书中一扫而空。

在佛法甘露的滋润下，我畅快无比，感觉与内心甚相契合。不久，我便彻底放弃了气功，心安理得地遨游在佛法的智慧海洋里，熏习日久，竟悄悄萌发了出家之志。慎重起见，我做了三四年的痛苦等待。有时为了"考验"自己，便有意恣情放浪形骸，以便观察此心能否真正淡于红尘、安于宁静，不为声色犬马所左右。同时又全力争取考上外省（我家在贵州）重点大学，多少让父母稍感安慰，也可摆脱他们的直接影响，好等因缘成熟后悄然出家。

最后，天遂人愿——我顺利地考入了四川成都电子科技大学。上大学时，我常常悲哀地发现，大多数同学根本不理解我。有人认为我将成为书法家，因为只要临赛前找几本帖子参研一下，我的一幅中堂或对联便有可能在全校获一等奖；有人把我当作"大众情人"，因为我和许多女同学的关系都不错，尽管我不曾对其中任何一位有非分之想；舞场中，我的劲舞很受欢迎；戏台上，扮演"流氓"角色是我的一绝……他们都接纳了我世俗方面的显现，却将我的信仰仅仅当作是一种人生的戏耍。

一位女生说："彭大师（她们对我的戏称）会信佛？他会出家？我才不信呢。"

心的真诚无人喝彩，行为的造作倒"应者云集"，这世界是否有点颠倒？在我的内心深处，已认定出家修行才是此生最应走的路。

1999年夏，宽霖老和尚与清定上师相继离世，在成都的我，心中茫然不知所措，顿觉人世无常、胜缘难求。小时候一直畏怕的死亡阴影，更使我对了生脱死的佛法充满渴求。儿时对出家人的恶劣印象，早已换成了对闻思经论、闭关苦修的出家生活的向往。我本来就鄙夷犹豫不决的小人心性，大丈夫当机立断，此时不走，更待何时？于是，拎着简单的行李，念着大悲咒，我一路径直奔向期盼已久的佛法圣地——喇荣五明佛学院。

转眼，我在佛学院已待了两年。两年来的闻思让我对世人误解佛法、鄙视出家人的愚痴言行深感痛惜。我想告诉他们，如果你真的关爱生命，真想探究关于身心乃至宇宙的终极真理，为什么不能以宽容之心对待佛法呢？佛法至少不会教人杀人放火，有什么理由不给它一席生存之地呢？

记得有人说过："人死之时，心中万分留恋与恐怖。也许出生时，同样因恐怖与不情愿，我们才哭着来到如此难舍的人间。"话头话尾，值得有心者一参。三世因果的存在，使我安心不少。对死亡的害怕，也就悄然消融在当下的努力与对未来的长远规划中了。

对佛法，我只是刚刚涉及，略知皮毛。现举《大方广佛华严经》中的点滴内容，将个人的心得体会呈现给大家。

经中，佛陀不假借任何仪器设备，在他自证的现量境界中，提到各种生命体所居世界，有仰世界、覆世界、侧世界等种种情形。联系地球，以北极为仰世界，则南极为覆世界，赤道上为侧世界。如此，地球之圆相已见端倪。扩而宏之，经有

"十方三千大千世界"的说法，正是"十方虚空无有穷尽，世界国土不可限量"。因此，佛教展示的空间是无穷浩渺的，时间亦无始无终，远非"天圆地方"的狭隘思量所可比拟。

如此广大的宇宙，又与我们的身心世界和谐一体，是整合的统一场，有着众妙之门，即《华严经》所说的"十玄门"。比照当今的科学理念，颇令人玩味。这里我不做广述，有兴趣的人可以自行翻阅。总之，如果将身心世界命名为法界，四种法界就已将宇宙人生的奥秘尽示无余。

四法界亦即事法界、理法界、理事无碍法界、事事无碍法界。凡夫通过修行，历经这四个层次就能证得一真法界的实相，也就是成佛。最起码，若我们能懂得理法界的内涵，就能了知佛教圆融大平等的义理。

纵向来看，现在入于过去，过去入于未来，一念可入漫长历史，漫长历史又可归为一念。横向来说，没有绝对卑微的小，因为一是一切；也没有绝对尊贵的大，因为一切是一。由此纵横无二，一味平怀，等视群生。这俨然为社会建设及人心教化提供了理论方向。并且，若能按佛教的方法去实践，最终必能超越凡情，远离一切烦恼困顿，进入自由王国的大乐境界。

真诚奉劝诸位有识之士，只有深入经藏，方能智慧如海。如果沿着闻思修的路径前行，待一朝灵机妙发，定能顿然朗彻大千世界的本来风光。人生、理想、整个身心，都将豁达无碍、悠游自在、神游无极、通透十方。到那时，尽虚空皆我体性，满大地是我光明。

真乃庆快平生。

圆修一口气讲完他的大学生活、他的思想转变、他学佛后的观点境界。我一字不漏地品味着他的话，尽力想走进并领会这个学佛者的内心世界。

等他意犹未尽地结束论述，我发现在座的管家们有的已酣然入梦；有的则兴奋地睁大双眼，跟我同样欣喜；还有的在窃窃私语，对他的学佛之路颇多感触……但我不得不终止这一切。我提醒大家："还是进入正行吧，毕竟这次开会的议题不是圆修的学佛之道与华严十玄。"

打断了大家的分别念后，我们开始了今天的议事日程……

在繁荣的表层下，是摆脱不掉的深层痛苦。

我想这根源在于心逐物欲，

以致失掉本来的清净面目。

我们正被自己的工具所驱役。

工具年代的主仆关系

每个人都有独特的人生轨迹、与众不同的人生故事。

在佛学院的汉族四众弟子中，圆拔就属于比较特殊的一类。我至今仍清楚地记得，他出家不久，家人就跑来佛学院将他押赴回乡，结果，他在途中设法逃走，重新回到佛学院的怀抱。

从1994年他来佛学院算起，我跟他的相识已逾七个年头。这个小伙子，1964年出生，1982年考入武汉大学物理系，1989年考入北京大学攻读物理学硕士，1992年毕业后留在北京工作，1995年来佛学院正式出家。

他刚到佛学院的时候，本着物理学"格致"的字面含义，举着实证、唯物两把标尺，几乎天天找我和慈诚罗珠堪布辩论。现在的他，依然保留了一个科学工作者应有的严谨、求实，只不过背后的指导思想，比起当年的实证理论，早已不可同日而语。

当我问起他求学、出家的经过与因缘，圆拔的话匣子一下子就打开了。想不到这个物理学硕士讲起话来还蛮文绉绉的，让人饶有兴味。

进入大学后，每每于闲暇无人之时，我总是被一些问题久久困扰，那就是人为何而生？人生所求又是为何？前思后想、辗转反侧，依然不得其解，总是感觉身心空荡荡的，无所寄托。

尽管父母对我非常慈爱，他人也多投来羡慕的目光，这种百无聊赖的空虚却无法排遣，于是便借由书籍来充实。我曾遍阅气功、道教、佛教典籍，也曾自修气功，颠来倒去，但收效甚微。后来，偶然在图书馆借到一部《金刚经》，读后虽不甚明了，却怦然为之心动。

此后我又翻阅了《佛教书籍汇编》，从此渐渐深信，唯有佛教才能解决自己身心的痛苦。在广泛涉猎了大量的佛教经论后，我于1989年寒假正式皈依了佛门，并在师父的教导下开始持诵"百字明"。这些初步的闻思修行已让我的身心有了诸多感应，于是，我越来越认定佛教是真实不虚的，绝非世人讥谤的迷信之论。为更求深造，1994年我终于来到了喇荣圣地闻思佛法。

可能是时节因缘未到吧，加上自己业障深重，在喇荣待了没多久，我就又回到了北京。回京后的那段日子是我人生最备受煎熬的阶段。那时我在一家电脑公司，商场尔虞我诈的环境让我越来越害怕，怕以自己目前的修为，在这样的环境中待下去，最终的结果必然是与之同流合污。苦苦追寻的解脱之道，刚刚因值遇圣地、值遇上师而稍露光明，难道即将夭折？

"无上甚深微妙法，百千万劫难遭遇"，一旦错失因缘，再回头恐怕已是百年身。但父母那边又如何交代呢？就这样，我彷徨于世间感情、名利与出世修行之间，达半年之久。直至1995年10月13日，自己突然醒悟：六年前的今日踏足北京，难道这六年还不足以让我参透、看破、放下尘缘？人生又有几个六年？难道要用一生的光阴去重复别人已重复过无数次的世俗生活？

我下定决心，只身再次奔向佛学院。一到这里，便好像顺理成章似的马上出家为僧。

记得我刚来的时候，无论如何也放不下对物理学方法、理念的执著。这么多年过去，回头再看看佛法之理与物之理，感觉真如天渊之别。科技的日益发达，更加反衬出人类的可悲。知识爆炸让各种学问日趋繁杂精密，却仍然解决不了世人身心的烦恼。在繁荣的表层下，是摆脱不掉的深层痛苦。我想这根源在于心逐物欲，以致失掉本来的清净面目。我们正被自己的工具所驱役。

比如关于意识与物质谁先谁后的问题，多年来科学界、哲学界都未有定论。有一种哲学观点认定物质先于意识而存在，物质第一性，意识第二性，意识对物质具有反作用。学佛之前，我对此种观点未加分析就全盘接受。现在，有了佛法的正知正见，我想在此对这一观点略做剖析：

首先，心识具有能动性或主观创造力，而物质明显不具有此种功能，那么物质决定意识岂非无中生有？若无中可生有，那无中不生有也应能成立。以物理学为例，任何量，在更大的范围内都是守恒的，如物质守恒、质能守恒等，从来没有无中生有之理。而意识既然有能动性，由意识产生物质岂非更为合理？

其次，我们一般人认识世界都借助于眼、耳、鼻、舌、身、意，以眼睛认识色法来说，所谓的"看见"只不过是借助光线等因缘，在眼识中产生了一个影像而已。除此之外，山河大地从本性上来说并非实有，这些千姿百态的影像和梦中见到的色法又有什么不同？剩下的耳鼻等感官的本质也可以此类推。佛教唯识宗指出，外境的色法或物质，只不过是业力所感的心识幻现，本无实有。大前提都不成立，再言物质先于意识、决定意识，岂不是错上加错？

再者，物理学中都说物质由分子构成，分子由原子构成，原子由原子核与电子构成，原子核由质子与中子构成，质子由基本粒子构成，诸如此类，而佛教的着眼点并非在此。以中观自续派的离一多因进行分析，就能了知，既然粗分由细分构成，粗分就没有真实的自性。而细分还可再分，所以可判定细分也没有自性。如果用数学极限来推理，就能认知任何物质从粗分乃至最微分都不是实有，都没有自性。理解这一点，便可理解唯识宗万法唯心所现的道理，也有助于理解中观应成派一切不予承认的最究竟的大空性观点。

还有，物理学中讲述物质的运动变化时，着重的是量上的关系，如讲裂变、聚变等，从实验就可以得出一定的质量能转化为一定的能量，其公式即为$E=mc^2$。其中E为能量，m为质量，c为光速。以佛教的观点考察，如果用中观自续派的大缘起因观察，既然在一定的条件下，质量可以转变为能量，那么二者就都并非恒常不变，而是观待因缘。一旦观待，就不会是独立、实有的存在。

来佛学院前，我曾对物理学的研究方法，颇引以为豪，认为这种"严谨""慎重""求实"的方法论非常值得佛法借鉴。而现在，站在佛法最究竟的立场，重新审视物理学的方法论，真有一种登万仞峰顶而小视天下的感觉。

其实，像量子力学等学科，都是建立在一定的假设或公式之上，再借助数学来构成一套理论。当这套理论可以解释新发现的物理现象，并预测尚未被实验发现的现象，而这些现象又能被将来的实验所证实时，就可以称之是一个伟大的理论。但是再伟大的理论也有它的适用范围，就像爱因斯坦的理论超越了牛顿时代一样，因为这些都是第六意识的产物。而诸法实相、大空性，以至佛的如所有智境界，远离了一切分别妄念，无有二取，现量所见。二者的差别，悬如天地。

但所有的科学都具有共同的特征，那就是：对新事物的探索，常常需要采用一些科学的假说来进行小心翼翼的推证。对于博大精深的佛法体系，如果动辄就斥为迷信，这种做法并不符合科学的精神。就像唯物主义所倡导的：没有调查，就没有发言权。

如果你能潜心深入佛法，最终一定会发现，它也是关于宇宙、社会、人心的一种理论与实践。

圆拔回去的时候已是深夜。抬起头，满天灿烂的星斗将人的视线引向无尽的宇宙。这辽阔苍穹、浩瀚时空，引得多少科学工作者殚精竭虑、毕生求索，以期了悟宇宙的真相。然而一个个定律、理论总是被后人一次次地超越和推翻，因为它们并不是最终极的答案。

如果说圆拔出家前的求学之道，代表了世间大多数学科的治学方向，那么佛法则无疑给他，也给我们提供了一种崭新的认知途径。我们是否应该从单一对物质的推究，转向对人心的把握？佛法不但可以揭示水分子的缘起性空，更能指示心的方程式，它才是万法的本源，是一切谜题的关键所在。心之为物，其妙处有几人能知？

从物理到心理，愿圆拔能在"心"途上百尺竿头更进一步，最终回归心物一如的圆觉状态。

五颜六色的油彩建构起关于世界的纷繁表象。

但油彩的背后只有一个特征——盲目。

可以丰富，不可以盲目

每个人追寻人生究竟意义的途径都不同。

有些是遭遇太多磨难而入佛门，以期找到摆脱痛苦的方法；有些是看透了世界的虚幻而探究真相；还有的通过深入思考而对般若正见确立起信心……无论人们选择的路有多么不同，只要虔心学佛，最终都能摆脱烦恼抵达幸福的彼岸。

鲁迅先生说："不在沉默中爆发，就在沉默中灭亡。"

圆哲显然属于前者。因为被痛苦折磨得太久、太强烈，求解脱心切的他，在对佛法还不甚了解的情况下，就手捧一把宝剑来到我面前，向我求一种六个月就能斩断烦恼丝、直趋圆满境地的法……

痛苦能压垮人，也能逼人坚强。自那以后，我对圆哲就多了一分关注。他在中央美院上过学，酷爱绘画。他曾用语言做画笔，为我描绘了一幅"自画像"：一双深邃的目光，正努力穿透时光的迷雾，看清生存的困境。

近四十年的人生岁月里，我从事过室内外装潢、CIS（企业形象设计）、灯光效果等实用美术的设计与创作，同时对纯艺术也有着强烈的兴趣。在进行美术创作之余，对这个光怪陆离的世界，我总是有许多不解。

每当放下画笔，开始思考世界的风云变幻，那份感觉总是苦涩而失落的。五颜六色的油彩建构起关于世界的纷繁表象，但油彩的背后只有一个特征——盲目。我开始理解古人"五色令人目盲"的深义了。是这种盲目，变幻出那么多空洞又令人迷乱的色彩。

我十分赞叹法兰西艺术大师奥古斯特·罗丹（1840—1917）不朽的雕塑作品《思想者》。那个有着深邃目光的人，似乎正想穿透时光的迷雾，去把握自己的生存困境。"思想者"的目光并没有仰望星空，但见过这座雕像的人，几乎都能体悟到他的"思想"其实上穷碧落下黄泉。"心事浩茫连广宇，于无声处听惊雷。"这位雕刻出人类思想之广袤与迷离的伟人，曾经豪迈地宣称："我们的社会将要多么快速地把曾经的错误与丑恶除掉，而且我们的世界将会何等迅速地成为乐园！"

每当想起这句话，我的心总会沉入悲哀的深渊。一百年过去了，罗丹的梦想只是一次次地破灭。

不只是罗丹，正像莎士比亚所言：人生如痴人说梦，充满着喧哗与骚动，却没有任何意义。罗丹还有一件伟大的作品，叫《地狱之门》。我觉得它很符合预言的特性，只不过在今天的地球上，"地狱"景观远比罗丹的作品惨烈百倍。单以波黑战争为例，交战双方，特别是美国，在那个地区投下的贫铀弹相当于在日本广岛所投下原子弹当量的十倍。

先哲曾警告过后人：以巧智对付巧智，非常危险和愚蠢。现今的世界格局，恐怕说"以巧智对付巧智"都太过美誉了。无论个人还是国家，都正被逼上"以强力制服强力，以霸权对抗霸权"的险路。其结果，将是非常危险而愚蠢地将整个地球变成活地狱。

地狱之门已洞开无数，天国之路又何处寻觅？

想起美国电影大师库布里克对人类未来的预警之作《奇爱博士》。电影中，核武器狂人稍一发神经，整个地球就可以被毁灭无数次。三四十年过去，这部电影真的成为一则预言。高度发达的科技，没能把"错误与丑恶"除掉，相反，电脑黑客的一个设计，可以使美国总统随时打开控制导弹发射的黑匣子。我们的生命就悬于那一线之间。

假如罗丹活到现在，还会雕塑"思想者"吗？恐怕一尊名为"绝望者"的雕塑将要诞生于世了。

不去审视周围，反观自己的生活又如何呢？

学佛前，我是一个兴趣广泛的人，诸如围棋、跳舞、唱歌、纸牌、电子游戏甚至搏击术，全都在爱好名单上，为此还交了各路朋友。就拿跳舞来说吧，不敢说自己是舞帝，但在我们那一杆人马里，至少也称得上是王子了。哪怕一天有四十八个小时，我也不会在任何一个场合缺席，我对玩太在行了（学佛后才知道这是自己慧浅障重，习气业力所致）。

再看看我的家庭。父母一方面对我很溺爱，另一方面又专横不讲道理，很多时候让我难以适从。妻子更是刁蛮无理，她自诩美貌，经常出入舞厅、牌场，往往一上牌桌，就与人打得天昏地暗、面无人色，甚至彻夜不归。

人生在内忧外患之中，太多的丑恶与无奈，让我无法在笔下的油彩中找到"悠然见南山"的和谐，对自己和家人庸庸碌碌生活的厌倦，更增添了一种走投无路的空虚苦闷。由此我才开始在佛法中去探寻一种别样的人生。

记得在那些最憋闷的日子里，内心深处常会涌起一股股莫名的悲哀。这悲哀在我离家奔赴喇荣五明佛学院的车上达到了最高潮，仿佛从内心深处奔涌而出，要把我和整个世界吞没……

好在最后，我终于来到了这片雪域。

从出家到现在已经两年多了。回头看自己当初的选择，常忍不住暗自窃喜。假如没有遇到佛法，没有选择佛学院，现在的我又会飘荡在何处？是在牌桌旁，还是舞场里？还是整日握着画笔，试图描绘出这个我根本把握不住的光影世界？

　　回顾自己走过的这些弯弯曲曲的路，真想把这些反思、审视与朋友们分享。也曾热切关注过科技的发展，但我总算明白，现代科技只是停留在对显现之法的研究上，对空性之理根本没有触及，更不用说"显空双运"了。

　　科学巨人爱因斯坦终其一生才明白这个道理。而牛顿晚年的困惑，就在于他对科学产生了极大的怀疑，最终只能向上帝追问宇宙的第一推动力。粗浅者不明所以，动辄批判牛顿是倒退、迷信，其实牛顿的"倒退"，何尝不是基于对科学的冷静反思？

　　《佛教科学论》中说："那么知识水平一般，甚至连普通家务也茫无头绪的人，对佛教也就没有理由横加非议，否则只能显出自己的浅薄无知。"

　　真希望每个人都能对佛法做一个客观的、心平气和的研究。不论是像我这样，于穷途末路之际才把佛法当作最后稻草的人；还是正处在得意扬扬之时，不屑或无心了解佛法的人，都祈望大家能静下心来，仔细地审视佛法对这个世界的解释。

　　如今，正如一位西方哲人所言："整个大地充满了狡诈者。"一个不害怕因果、不承认轮回的社会，怎么能说是一个美丽新世界呢？

　　离开画笔所粉饰的幻象，走到佛陀揭示的真实世界中来，心中常常有两种情感在交织冲撞：对自己选择的欣慰，对未觉悟者的悲哀。当我穿上庄严的僧衣，站在雪域神山之巅，遥望那个灯火辉煌的迷幻世界，我总在想，那里有我的父母双亲，有我的兄弟姐妹，什么时候他们也能挣脱出迷幻之网、踏上菩提正道？

应该说圆哲已经踏上菩提正道了，现在的他比起两年前成熟了许多。未来的路很长，而选择在他，成就与否也在他。以他目前的精进来看，我相信他的前方一定充满光明。

房子就像我们的躯壳，

设计得再富丽堂皇，

也抵挡不了无常的风。

我们没有"永久居住权"

广阔无垠的天地间生存着智者和愚者。愚者在盲目中了其一生，智者则总想活得明白、自在。

不过，"智"有"大智若愚"，也有"世智辩聪"。

世间公认的知识分子，如建筑师、医师、教师、工程师等，往往认为自己的研究领域最有价值，自己揭示的真理最为正确。

藏族同胞有句俗话："山上有天，水上有桥。"意思是说，不要认为自己的见地已臻圆满。如果用佛法来衡量世间的每一个专业，就会像登上泰山极顶般"一览众山小"。

圆枚就是一位建筑学的极具天赋者。当她认识到建筑的虚幻无常，才明白永恒美好的设计，唯一存在于心灵之中。

茫茫戈壁滩的落日中，站着一个看夕阳的小女孩。待到"大漠孤烟直，长河落日圆"，美丽的霞光渐渐从视野中退去，小女孩便心满意足地牵着羊回家了。那个小女孩，就是我。

童年的这一幕总是历久弥新，我总忘不了小时候在新疆生产建设兵团度过的那段美好时光。一个普通的双职工家庭，一家五口人其乐融融。

作为家里最娇宠的女儿，我总是第一个品尝到父母用微薄工资买来的美味。刚开始时觉得天经地义，可偶尔回过身，看到父母苦涩的脸上挂着的满足的微笑，我的心便沉重起来。尽管那时我还很小，但已学会了体贴父母、谦让兄长，尽量让爸妈的心情更愉快、笑容更灿烂。

就在这样的环境中，我长成了一个孝顺、听话、乖巧的女孩。我经常感叹命运的不可思议，谁能料到像我这样一个女孩，最后竟会出家成为一名比丘尼呢？父母更是做梦也不会想到了。

当我跨出某个著名大学建筑系的大门，怀揣一张毕业文凭奔赴社会的时候，心中的感慨油然而生。终于要开始设计图纸了，这个社会未来的建筑景观，将会留下属于我的一道风景线。

坐在北京一家宽敞明亮的设计室里，我开始废寝忘食地工作。走上工作岗位后接的第一个设计方案，是一项上百万的路标工程，这个根本难不倒我。当我把十几天熬夜熬出的一纸图样送到老板手中，老板的双眼立刻变直了。没过几天，他就得到了这项工程，至少几十万的利润轻松地流进了他的腰包。

按理说水涨船也应当高吧，但我一丝甜头也没尝到。这倒也罢，我的贪心本来就没那么强烈，但渐渐地，我发现周围同事的目光开始有些不对劲，他们的眼神总带着一丝嫉妒。不久，各种流言蜚语便漫布整个公司。我这时总算体会到了什么叫"木秀于林，风必摧之"。

老板看我的眼神也有些不对头，到最后，为了防止我跳槽，他竟然扣下了我全部的设计费与奖金。我本没想过跳槽，却被他逼上梁山。

不想再干唯命是从的奴仆工作，我便当上了直销员。有一天偶然路过一间寺院，看着蓝天下那红墙碧瓦的庄严，听到一阵阵清净悠远的唱诵，不由自主便迈进了殿堂。

刚进大殿门口，一种似曾相识的感觉便扑面而来。我也不知该干什么，就这么呆呆地站在大殿里。

"有事吗？"一个师父轻轻问道。我回过神来，不由脱口而出："我想摆脱烦恼。"

师父笑了笑，转身进殿拿了几本书出来递给我。我一眼瞥见最上面的一本书上赫然印着"因果"二字，从小到大所接受的教育使我潜意识里已把"因果"等同为迷信。我眉头一皱："我想摆脱烦恼，不是想了解这个。况且我从不相信什么因果、轮回。"

"为什么不相信？"师父还是那么和蔼地笑着。

"我根本看不到轮回。"我有些不服地顶撞着他。

"你没见过你妈妈生你，就可以断定她不是你的亲生母亲吗？"

我真没想到他会说出这样的话来，这句话呛得我三天没吃下饭。

从此我便成了寺院的常客。师父对我格外看重，特意为我开示了整部《法华经》。记得头一天师父为我宣讲《法华经》，刚讲到序文中的"生死流转，无有出期"八个字，我就已止不住地泪流满面。每个人的入佛因缘都不一样，我常常想，那个师父是不是已在庙里等了我很久呢？

对我来说，接受佛法是一件很自然的事，好像离佛法就隔了那么一层窗户纸，只需一个明眼人一捅就破，否则我不会对佛经里的说法涕泪纵横的。似乎一切本都是我已经知晓的，只是后来不知怎么遗忘了。再次归家，能不喜从心生吗？

当师父从《金刚经》讲到《心经》，又从《心经》讲到《华严经》时，我便对师父说："我要出家。"当时，师父高兴地答应了。

千里迢迢回到家乡，我想先引导父母吃素，慢慢带他们走上佛道，再告诉他们我要出家的决定。谁料当我刚把佛像摆上书案，就遭到了全家的一致反对。为了对抗我的吃素，平日里对我言听计从的父亲，竟要当面杀我养的一只小兔子。我没有一点办法，只有流着泪大声念阿弥陀佛圣号和往生咒，悲哀地看着它死去。当天晚上，我拼命地祈祷上师三宝，慈悲摄受我的父母，让他们能早日忏悔。整整一个晚上，没有间断。

一个多月来的祈请总算有点成果。为了巩固他们刚刚生起的一点信心，我又在家多待了一段时间。第二年正月十三的黎明，我想我该走了，我要走自己的路，父母的路也得靠他们自己蹚出来。以我现在掌握的佛法力量，还远远不能从根本上解救他们。我必须早点出家求道。

天才刚刚现出鱼肚白，我就悄悄掩好了门。望着家的方向，我在心里说：再见了，爸爸妈妈，你们醒来就看不到女儿了，但愿我留下的那封信能让你们感伤的心有所释怀……

我先是到了一个深山里的小庙，庙里只有两位尼师。老尼师对我非常好，非常希望我能留下来。但一个月过后，我就决定要离开这里，因为这里没有讲经说法，不能闻思修行。

不过，现在回想起在那个小庙度过的一个月时光，我觉得收获还是挺大。因为在那儿更让我体味了世态炎凉，更让我渴求听闻正法，更让我明白了自己肩负的使命——续佛慧命。人生旅途上遇到的第一位精神导师，不就是这么谆谆教诫我，并殷殷期盼着我吗？最重要的是，在那间小庙里，我见到了一本介绍法王如意宝晋美彭措上师的略传。

于是二话不说，带着身上仅剩的六百元钱，我又向地处雪域高原的喇荣圣地进发了……

曾经以为设计一些美丽的建筑物就是我此生的全部生活。及至到了这里，住在根本不用设计的简陋不堪的板皮房子里，心里才总算明白：房子就像我们的躯壳，设计得再富丽堂皇，也抵挡不了无常的风。

多么希望朋友们能跟我一道，走上设计灵魂的光明之路。

圆枚的故事尽管比较短，却非常精彩，应该说她真正的生活现在才刚刚开始。她正拿起佛法这支妙笔，展开人生旅途的画卷，准备设计未来的前程。

> 大雪中，我孤身一人背着一百多斤供品赶回山上，
>
> 直到晚上十点半，才奋力地在风雪、饥饿、
>
> 疲劳的侵袭中，踏上北台顶厚厚的雪地。
>
> 我那迷茫躁动的心突然平静了，
>
> 平静得就像五台山白雪皑皑的山野。

一个人的圣地

我坐在喇荣沟摩尼宝区的甘露旋山谷里。这里有清净的小溪，两岸盛开着金、银两色的花朵，还点缀着零星的小树。在这样宁静的氛围中，我打开了《喇荣课诵集》。

正读着每日的功课，几只蓝色布谷鸟飞到我身旁的小树上。它们唱起美妙的歌曲，那声音婉转极了。没办法，我不得不中止念诵。

"美丽的布谷鸟，你们不要再唱了。否则连小溪都要被你们的歌喉耽搁在这儿，不肯再向前了，我也没办法再念经了。"

就在此时，圆用穿着那身惯常的黄色汉僧装向我走来。

圆用时不时帮我整理些文稿，对他我还是非常了解的。记得两年前评选汉僧堪布，我觉得他的戒律、行持、智慧都已够格。他却说不希求堪布的名声。他认为自己离真正的"堪布"还有很大差距，想达到了这种境界再说。

因为这件事，我对他印象深刻。等他坐在我身旁，我突然想到，何不趁此机会，请他讲讲出家的经历。

我出生于江南的一个小镇，自幼喜欢寂静独处，少言寡语，邻居都叫我"哑巴"。与中国所有同时代的少年一样，我在六到十七岁之间，接受了小学、中学僵硬的灌输式教育，高中毕业统考时，又终于冲过"独木桥"，进入了大学。

在长沙市求学的那几年，是我极为迷茫困惑的时期。国门打开，令当时的大学生开始接触到外界的许多知识。当眼界从封闭、狭窄、愚昧的壁垒中解放出来，激进的年轻人便不愿再死心塌地地相信课本和灌输训练，开始向西方所谓的自由文化投去了羡慕的目光，也向东方传统文化伸出了热忱的手。

在那种大环境下，我也开始苏醒，渐渐想到了人生、世界的种种问题：人应该怎样生活？我的一生应该追求什么？国家、社会、世界到底是怎样的一个事物？……我成天泡在图书馆里做"书虫"，啃完了一部又一部的哲学、文学、历史巨著，以期洞彻心头疑惑。在这期间，不期然也开始遭遇了佛法。

记得那时候的图书馆，基本上找不到一本真正的佛学书籍。第一次遇到佛教教义，还是因为历史课本上一段批判佛教的文字，其中对"苦集灭道，欲望即是痛苦"有简短的介绍。说来荒谬，惯有的逆向心理，也或许是某种因缘，在听到老教授念那段文字时，我的心居然感到一阵颤动，还有一丝丝的清凉。

从此之后，我的足迹便不断出现在麓山古寺，目光时时停留在佛像、经书与寺内宁静超然的景致上。我很想明白，是什么义理在让我心动。尽管没有找到人为我解说佛教教义，但每每在闷热不安的校园中待不住时，只要到古寺坐上一会儿，我的心灵就会得到安慰，宛若游人于陌生的暗夜旷野中，忽然看到一点若明若暗的灯光。

1989年某一天，我在麓山古寺的大殿前照了一张相：两手平伸、双腿分叉，全身紧紧"钉"在大殿门口阻挡游客的栅栏上。佛陀的圣像在暗淡的背景中现出金光闪耀的头部，双目悲悯地关注着这位为愤懑、疑惑所困扰的年轻人。

在麓山寺的宁静与校园图书馆的中外名著的抚慰下，被种种人生问题困惑的我总算度过了四年大学生活。毕业后，我顺利地分配到石油销售系统工作。那时石油是专营商品，国营石油公司一统天下，公司里的干部职工养尊处优，享受着丰厚的工资、奖金、福利待遇。虽然如此，在堂皇的办公室里，"一杯茶，一支烟，一张报纸看半天"的生活，却不是真正有理想、有良知的年轻人所愿意过的。

面对社会的"大酱缸"，我尚未解决的困惑之上，无疑又笼上了厚厚的迷云：是随波逐流，还是奋斗？是毁灭，还是生存？难道我也要消磨在这千百年来的怪圈中，随顺庸庸之辈，为衣食住行、权力、家庭忙碌一生？难道人就没有更有意义的活法？难道不能摆脱这些迷惑，过一种理智而无痛苦的生活……公司上下、日常生活中的每一件小事，总是让我的心灵一阵阵抽搐。面对人世的阴暗，敏感纯洁的心如何忍受？

但由于此时无缘进一步学习佛法，我便将时间大部分花在对《资治通鉴》等历史巨著与尼采的哲学、美学思想的研究上，希望能从中获得有关人生幸福的答案，结果却发现，整个人类历史其实充满了杀戮与绝望。面对现实与理想的激烈冲突，我不得不做出自己的选择：尽管亲友一再劝告，我还是放弃了"铁饭碗""铁交椅"，决心出去闯荡世界，看看人世间的真面目。

在沿海开放城市拼杀了多年的朋友们，纷纷向我伸出了热情之手。繁华的深圳、珠海；纸醉金迷、穷奢极欲的生活环境；"拼命地玩，玩命地干"的生活准则，一度也让我觉得"充实"。然而每于清晨酒醒、晓风残月之时，不甘沉沦的心总会感到阵阵刺痛："这就是我吗？感官刺激就是人生的安乐吗？"

无边的大黑洞，横亘在前方的虚空，令人窒息的迷惑与恐惧不时扼紧了我的心。我向周围的朋友，甚至一些事业有成、大名鼎鼎的奇人异士询问这些问题，然而他们和我一样，对此只有困惑与无知。

1993年夏季，疲惫、焦虑、不安的我在风景如画的海滨城市三亚休养了一个多月。每天踱步在海风拂面、波浪轻涌的沙滩上，思索着人世间的炎凉苦乐、生活中的团团乱麻、宇宙的无尽奥秘、哲人们的名言警语，我的心智渐渐得到了一些启发：再去深入书山，游历四海，去拜访一些真正超尘脱俗的高人。我要找到明鉴一切的智慧，要过上自由而理智的生活。

于是，在读万卷书的同时，我又背上了简单的行囊，开始了远涉万里的新长征路上的思索。我乘海轮自南向北，以水天一色的大海来壮阔心境；徘徊于苍山洱海及西双版纳的密林，徜徉于桂林山水，让森林碧流涤荡心灵的灰尘；借故宫长城，勾起千古的幽思；最后溯黄河而上，试图体味千万年中，龙的传人如何用血泪沉淀出凄凉的历史……

1994年的一天，我又回到广东佛山喧闹的大街上。看着似蚂蚁觅食一般急匆匆的行人，不知怎么就想起了应声救苦的观音菩萨，又想起了能赐予无上智慧的文殊菩萨，心里面好像突然一亮：跑了那么久，为什么就没想到去清凉山的冰雪世界呢？能在圣境雪山之巅的巨石上坐坐，看看蓝天白云，让身心热恼消失在雪线之上的碧空中，此生还有什么能比这更快乐！

当南山寺脚下的"清凉圣境"四个大字映入眼帘，我那迷茫躁动的心突然平静了，平静得就像五台山白雪皑皑的山野。刹那间，我做出了一个决定：以前的二十五年既然没能让我在痛苦不堪中找到人生真谛，那么从现在开始，我何不尝试一下另外一种生存实践？几次与佛法擦肩而过，是不是应该静下心来，按它的教法实修一次？不管成功与否，至少可以告诉自己：我尝试过了，我过的是自由意志选择的信仰生活，并没有轻易俯首于惯常的社会规则。

走自己特立独行的生活之路吧，我多么渴望能从纷繁的表象中提炼出生活的真谛，为此将不惜付出身心作为代价，否则，此身心要它又有何用？是留着它继续感受痛苦，还是盲目地与众沉浮？看来我得把这副躯体交到佛门去锤打一番了。

刚刚进入寺庙时，我一边向诸位比丘长老借阅高僧大德的传记，一边砍柴、挑水、做饭、扫地，这期间我得到了许多磨炼。特别是随师父们下山搬运供品、粮食时，背着沉甸甸的大包向山上爬，每走一步，都觉得自己在变得坚强。

有一天下午天气陡变，大雪中，我孤身一人背着一百多斤供品赶回山上，直到晚上十点半，才奋力地在风雪、饥饿、疲劳的侵袭中，踏上北台顶厚厚的雪地。每一次拼尽全力从积雪中拔出腿来，我都感到两眼发黑，几乎要昏死过去。那时我就在想：如果死在文殊净土的叶斗峰顶，我会不会有什么遗憾？人生的意义不就是锤炼自己、升华自心吗？不能超越肉体感官的束缚，心灵怎能变得坚强，又怎能达到超越一切的自由之境？文殊菩萨，加持弟子吧……

那一次的经历后，我向寺庙的师父们请了七天假，在一间茅棚里开始禁食、念经、打坐。我想进一步体会饥饿感与静坐修道交织冲撞的矛盾与力量；想更深入地了解自己的身心，到底在一种什么状态下才能达到平衡。后来我又反复翻阅了《密勒日巴大师全集》《梦游集》《虚云老和尚年谱》等著作，也寻访可以终生依止的大善知识，期冀获得修行的指导。可能是缘分不到，我一直未能如愿，只能自学自修。最终，我发心在憨山大师闭关修行过的狮子岩神仙洞住上一段时间，专心修持一位宁玛巴噶陀派堪布所传的大圆满前行法。

狮子岩人迹罕至，非常寂静。岩窟面南背北，宽敞干燥，阳光充足。洞前的山坡上长满了山桃、樱花、金银花，还有黄精、党参、香草。沟底下的山泉终年流淌不息，演奏着清泠的妙音，真是一个世外桃源。在那儿修持大礼拜、百字明等加行时，除了一位慈眉善目的放羊老人偶尔光顾外，白天，我只能与山雀、松鼠、野兔说说话。在冬季的晚上，还会有一只豹子准时到沟底的泉眼边喝水，并时不时卖弄一番它的嗓子。

修习加行时，我真切感受到贪嗔妄念如同藤蔓一般紧紧缠缚着自心。无奈之际，只有拼命地诵咒、磕大头。心情闲逸时，我也会经常回味、咀嚼一番人世的经验，那时我就会想：没有崇高理想的人，恐怕与这山上的野兽并没有多大差别。

有一年夏天，我的邻居老松鼠生了一窝小松鼠，但后来老松鼠不知怎么掉进附近的水坑中死去了。过了两天，四只小松鼠也全都死在水坑里，这使我自懂事以来第一次放声大哭了一场。我终于无奈而悲戚地由世间亲友的离别思量到人世的衰变无常，从此更为努力地修习四加行。这期间我做了不少吉祥的梦，不时感到三宝的慈悲加持。

这样过了十八个月后，我觉得自己贪恋软暖安逸的习气稍微得到减轻，内心也较以前安宁坚强了一些。这十八个月的修行体验足以让我明白一些事实：佛陀的教法可以改变一个人的品性，当然也就可以改造整个人类社会的前景；人生失意、愤世嫉俗，在佛陀所揭示的宇宙真相面前，都成了遮蔽太阳的乌云，真理的光芒终将穿透世俗的一切假象；世人的一些评价，诸如学佛是青灯古佛了却余生的消极、人生不得意时的逃避等，只不过是门外人戴着"盲公镜"得出的误解，自己放下凡尘琐事走进佛门后，才真正开始了积极向上、勤勉不息、自我完善的人生。

在得出了以上结论之后，1994年的四月初八，在尚是雪花纷飞的北台顶，我终于下定决心：脱下俗装，剃除须发，将俗世的风尘抛尽，开始二十六岁以后新的人生征程。

后来又过了三年，时节因缘可能都成熟了吧，我听闻到喇荣五明佛学院的名字，并看到了从那里流传过来的法本。一股暖流在心中澎湃起来：也许在那里，可以找到我终生依止的根本上师！

一个清晨，我背上小包，告别当地熟悉的道友，静悄悄地来到了喇荣五明佛学院这块彩虹升起的圣地，开始了又一轮求学之旅。由于上师的大恩加持，我心无旁骛地在经论海洋中畅游了数年，自己的心终于开阔起来，多年盘结在心头的乌云，也一点点散去。从人生世界的种种困惑旷野中，终于走上了一条金光闪耀的大道。

通过在佛学院的闻思，越发觉得这个世间，无有一刻不受着生老病死、无常衰变的侵袭；面对无穷的宇宙奥秘，我们如同白痴一样无知，有许许多多无法逾越的苦难；面对轮回的巨大黑洞，人类是那样渺小而无奈；哲人们从古至今苦苦追寻，又有谁洞悉了这一切的答案？

一切智智的佛陀告诉我们：宇宙万事万物，无一不是分别心所现的幻影。由于无始劫来的习惯误执，我们在幻影中，假立了森罗万象，安立了种种名言。就像在梦中，我们认假成真，时而哭泣，时而欢笑，如同患癔症的疯狂者一般，枉劳心神。如今由宿缘成熟，我们感而为人，有血有肉，有灵有思，决不应沉迷于虚幻的感官刺激，像牲畜一样只知寻求衣食享受；而应依止善知识，追求真理，开启本具的智慧，彻达人生宇宙的真相，从痛苦不绝的生死大梦中醒悟，证得超越一切束缚的大安乐。

如果你不甘受困于人生陷阱，也请踏上佛法这只天梯，走上寻求心灵升华和解脱的自强不息之旅。

圆用讲述他的经历时，太阳一直在微笑。而四周也空无一人，除了我们俩。

本来我还欣赏着小鸟的歌声、树林的风景。听他讲完，我的心也开始沉静而内观起来。圆用的修行并不是口头禅，这让我联想到当今许多形象上的修行人，遇到真正的违缘、痛苦时，他们的"行持""智慧"往往一点儿也派不上用场，原因就在于没有落在实处。

藏族有一句家喻户晓的话："许多在舒适悦意环境中能修行的人，在违缘痛苦面前则显露出自己的本来面目。"因此，无论是选择在家还是出家学习佛法，我希望人们都能了解，并最终证悟佛陀每句话、每个字的含义。否则，未来会有很多无法排解的挫折、痛苦，将你压垮。

在今天的佛教徒中，有财富的人我看到过许多，而拥有调伏身心的智慧资财的人却微乎其微。尽管我算不上是一个合格的修行人，却始终不敢忘记华智仁波切的这句教言："修心、修心、修自心。"

川端康成、三岛由纪夫、海明威，

竟然都选择了以同样的方式——自杀来结束生命，

尽管他们都已站在了世俗人生的最高处

——诺贝尔奖的领奖台。

这样的归宿岂能作为我们的样板？

站得越高，越"恐高"

人生的许多挫折、痛苦，都可以是成长的顺缘。正像华智仁波切所说："显现上的一些挫折实际上成了值遇佛法的因缘。"

日常生活中，的确有人在遭遇了家破人亡、妻离子散、疾病缠身等的痛苦折磨后，遇到佛法而终获解脱。藏汉佛教史上，从违缘困缚中破茧而出的成就者也大有人在。

佛学院的圆达，就是在家门遭遇种种变故后投身佛门的。如今的他，正在这块清静的圣土上，弃绝俗缘，潜心研读如海的经论。看多了生死，他不想再"反认他乡是故乡"。

　　我曾经生活在一个幸福的家庭，人在快乐的时候似乎是想不到宗教信仰和精神寄托的，所以那时我离佛很远。但命运的转变由不得人，就像每天的天气，当我十五岁那年就要进行中考的当儿，幸福抛开了我们。

　　父亲在我中考前夕突然病倒，几天后就被确诊为肺癌晚期。拖着最后一线希望，母亲和姐姐陪他一同前往上海。空荡荡的房间里，我第一次成为这个家的主人。虽然深夜醒来，难免会有凄凉感泛上心头，但繁重的功课使我不得不暂时淡忘这一切。年少的我第一次领教了厄运面前人的渺小、微弱和无奈。

　　中考结束，父亲也从上海回来。没过几天，还没等他看到我的录取通知书，他就匆匆忙忙抛下我们娘仁先走一步了。

　　痛定思痛，我实在想不通命运对我们的捉弄，便打算从文学作品中寻找生死的答案。

　　现代文学大师中，林语堂是那么幽默和机智；梁实秋是如此轻松与悠闲；周作人又带给我们闲适和平淡；徐志摩则让我们品味浪漫与燃烧……可是在他们人生的最后阶段，都没有奏出华彩的乐章，相反，却是同样的黯淡与苦涩：医院中全身插满管子；监狱里苦苦挣扎；空难的一声巨响……至于最伟大的文化战士鲁迅，临终前的最后一句话"一个都不宽恕"，让我们看到了他的铮铮铁骨与磊落胸怀，同时也感受到他放不下的执著。

　　再看国外，川端康成、三岛由纪夫、海明威，竟然都选择了以同样的方式——自杀来结束生命，尽管他们都已站在了世俗人生的最高处——诺贝尔奖的领奖台。这样的归宿岂能作为我们的样板？也有人说，到了他们那个境界，生死都无所谓了。但我觉得这句话经不起推敲，同时也不负责任——结束自己的生命到底高到了人生的什么境界？

四大古典名著中，《红楼梦》是我最后接触的，但印象最深：陋室空堂，当年笏满床，衰草枯杨，曾为歌舞场。蛛丝儿结满雕梁，绿纱今又糊在蓬窗上……乱烘烘你方唱罢我登场，反认他乡是故乡。甚荒唐，到头来都是为他人作嫁衣裳。

这是否就是人生？如果人生就是这样的虚幻多变，又谈何生活的意义？

三年的技校生活总算结束了，我第一次能将自己挣得的薪水交给母亲。这一千多个日日夜夜，不知她是怎样的含辛茹苦。此时家境已日渐好转，当辛酸终于熬到了头，她的身体却彻底垮了下来。1992年的夏天，母亲住进了医院——尿毒症，这种比癌症还要可怕的病，在她身上已潜伏了很久。

当医生告诉我诊断结果时，我一连串地发问：为什么？为什么这些不幸全要落在我头上？医生的回答客观得近乎冷漠：谁都可能碰上，包括我自己。

单位—医院—家，在这条三点一线的轨迹上奔波了近半年，一辆崭新的自行车被我骑成了一堆废铁，最后终于争取到了让母亲前往上海进行肾脏移植手术的机会。为此我中止了工作，在1992年腊月二十八的凌晨，我们登上了"江申一号"的甲板。

　　寄居他乡十一个月，其中的辛酸一言难尽，好歹还是平安回来了。正当我们欢喜地为1994年的春节忙碌时，姐姐却因婚姻破裂而结束了自己的生命。

　　我唯一能做的就是使自己保持镇定，强打起精神，来安慰我那伤心欲绝的母亲。夜间，独自一人睡下时，我常常被噩梦惊醒，泪湿双襟。

　　人力与业力的拔河是一场艰苦的战争，也是一场势力悬殊的战争。数十万元的代价，也只让母亲的生命多维持了一年半。当她再次住进医院，前后仅仅七天，就永远闭上了双眼。

　　在极度的痛苦中，我写下了这样一段日记：我是一株孤独的草/春雨浇头/夏阳炙烤/肃杀的秋风吹过/我已失去了生命的绿色/连日的冬雪又将我深深掩埋/岁月难挨/生机渺茫/我不知道/我的生命是腐烂/还是燃烧

　　母亲的丧事结束，一个完整的家庭就只剩下了我一个人。

　　生活还将延续下去，它根本不会顾及一个弱者的呼喊。而我也必须生存，凡夫的生命也不是那样不堪一击。但我必须找到新的生命支点。

　　也就是在这个时候，带着满腹的苦楚、满腔的心事、满怀的疑惑，我开始接触佛教。

　　来到九华山，当时刚好在举办地藏菩萨圣诞的纪念活动，钟鸣悠远，青烟袅袅。躲过热闹的人群，我和一两位刚刚认识的年轻出家人交谈，谈人生、谈历史，也谈哲学、宗教……最后我们都在深夜的虫鸣声中沉默了：我们的归宿将在何处？

临别时，他们送我一套录音带——《倾听恒河的歌唱》，多么富有诗意的名字，而内容却是满含血泪的沉重，我也仿佛成了其中心酸的一个音符。

对于佛法，我了解的仅仅是一点零星皮毛，但我已隐约知道了未来要走的路。

六个月后，我结束了一切俗事杂务，冒着严寒来到雪花纷飞的九华山，开始了另一段人生旅程。

在这条路上没走多久，我就决定剃发出家了。既然家徒四壁，那就干脆赤条条来去无牵挂吧。

再后来，我来到了喇荣五明佛学院，并决定在这里长住下来。曾经问过自己，生命是腐烂还是燃烧？既然认定佛学院是一个大熔炉，答案当然也就不言而喻了。

圆达的故事让我们又一次领略了"一切有为法，如梦幻泡影"这几个字的含义。世间的一切财富、名利、家族荣耀、亲情友爱，最终都将像大梦一场，消散得了无痕迹。只不过这种无常的体验对圆达而言，多了一些沉甸甸的血与泪的分量。

其实，纵然是对那些人生经历尚且平静、安定的人来说，一切的一切也都终将如流水一般不复存在。唐代大诗人李白在《梦游天姥吟留别》中就曾歌咏过："世间行乐亦如此，古来万事东流水。"当时间告诉你，一切都不可靠时，你还要继续执"实"不悟吗？

现今的许多人贪恋美色、美酒，陶醉其中不愿自拔。有些人虽想修行，却往往意识不到人生其实很短暂。如白驹过隙一般的时光中，一半要用于睡眠、饮食，还有那么多琐事牵绊，有时又会因生病而不得不躺在床上，这样，剩下的修行时间又有多少？

萨迦班智达曾说："诸人寿短其一半，夜间入眠如死亡。又遇病老等众苦，余半亦无享乐际。"正是道出了生活的实相。

所有珍爱生命的人们，愿能三思。

当"我"与虚空相游舞，

"我"的痛苦与执著又能在虚空的哪个角落立足？

丢掉脆弱不堪的"我执"，

我又将何惧何畏？

既脆弱，又强大

现代人接触佛法的机会并不多，年青一代中，很多人都将生活重心放在了感情、事业上，有些人甚至将组建温馨的家庭当成人生的根本目的。这种人生观实在是不经观察的一种迷妄。

现量所见，许多人成家后就变成了家庭的奴仆，哪里谈得上实现人生的崇高理想。照顾父母、操心孩子的成长，大量的琐碎家事占去他们的时间与精力。

我接触过的许多已成家的知识分子，都曾向我诉说、抱怨生活对他们的重压，其实这种不堪承受之重依然是他们自己选择的结果。

面对压力，许多人选择单身，但这只是一种消极逃避。还有一些人知道了人生无常的本质后，前往寂静之地，去过清净的出家生活。

这样的选择，并不容易被世人所理解。但在兰州大学读博士的圆博，却从中感受到了重生的喜悦。

我自幼就生长在小康之家，衣食无忧的我对生活的唯一打算便是读书。而只要有机会、能力读书，父母也会倾其所有、全力支持。在这种少不更事的心态下长大，我养成了非常自私的自我意识：对父母的辛劳从不感恩，反而认为世界就应该围着自己转，我的中心地位是理所当然的。

这种心境日久成习，年轻的我逐渐丧失了对周遭人与事的耐心，不合自己的心意，就抱怨不断。我也曾因自我计划的暂时受挫，对人生意义和目的产生过疑问，也曾想寻求人的不同遭遇、境况背后的原因。不过所有的这些沉思，在对现实学位、爱情不断升级的追逐下，终于不再生起。我越来越相信，生命本该随心所欲，事事都应该在自己的掌握之中。我梦想着能和社会中的大多数人一样，建立属于自己的事业和家庭，这些才是自我价值的全部。

直至多年前，我虽满心欢喜地在异国考取了硕士学位，但很多自我计划开始变得越来越不顺遂，生命跌入前所未有的低谷，此时，那些对生命的疑惑才又重新浮起。

正是因为我的强烈执著，在个人欲望与现实困境的冲突日益突显时，我对此毫无心理准备，也没有人能适时地告诉我，生活为什么不能像自我设计的那样圆满，反而充满如此多的无奈与变数？为什么生命必须经受意料不到的考验和不幸？

为了得到答案，我多次走访过基督教会，试图在现世知识与人伦价值体系之外，从宗教的角度给心灵找到一份慰藉。尽管也从中得到过片刻的安详与宁静，却仍然无法让躁动不安的灵魂彻底平静。

我这才意识到，其实自己根本没有把握住自我的实质，也根本没能掌握生命的终极答案。对人生的实际意义而言，我只是一个不明所以的过客。

彷徨之际，几经寻觅，最后在一个朋友家的聚会中，我遇见了一位改变我命运的善知识。现在回忆他当时说的话，内容大都是关于佛教的基本概念，诸如因果业报之类，但平实的道理却蓦地解开了我对生命的重重疑问。

印象最深的是，他反复强调个人在修身养性之余，应始终不忘为人服务的重要，以此广积福德，并培养"无我"的慈悲情怀。他告诉我，当把"小我"融入全体，人一定会体味到一体与无限交融无尽的旷达胸怀，一定会深味佛陀宣示过的"一体同怀"的博大境界。当个体与全法界熔冶为一炉，从中锻铸而出的一定会是人性最纯最真的结晶；当"我"与虚空相游舞，"我"的痛苦与执著又能在虚空的哪个角落立足？

从那一刻起，我开始反省自己的过去，当意识到因为无明而做下那么多无知之事时，我头一次有了对自我的严厉谴责与深深忏悔。我深刻感受到，生命应该而且只能是在永无止境的自我改造与无怨无悔的利他行为中，才能趋向圆满与无憾。

我的生命就这样得到了再生，从此也开启了学佛修行的生涯。

一步一步，从最初的涉猎佛教书籍、亲近寺院道场、加入义工团体，到后来的于寺院任职，及至最终出家，仁步回首之时，我并未发现自己有任何的盲目与冲动。倒是入佛愈深，便愈发遗憾自己听闻佛法太迟，以致把那么多的大好时光都浪费在了无谓的自我算计与营求上。佛法深广如大海，仅取一瓢饮，就已让人感慨无尽并受用无穷。

从对佛法的懵懂不解到如今对它稍有体会，我的人生逐渐变得充实而有意义：在感谢与自己息息相关的众生所提供给我的帮助的同时，我惭愧自己无以回报，在这种情感的支配下，我学着去尊重他人、爱护每一个与自己无二无别的生命；在认知因缘果报的真实不虚时，我感受到人与人、人与环境无尽复无尽的层层关系与因果之网，从而学习去尊重每一处、每一时都在发挥作用的因果法则；在沉浸于"阿弥陀佛"的佛号中时，我感念到了佛菩萨的慈心悲愿，从而祈盼自己的道业能精进而永不退转……

学佛并且出家后，我的生活一点也没被局限，反而更加宽广起来。因为外在的执著被慢慢放下，烦恼在不断地自我观照中日趋减少。也许表面看，生活不像过去那样五光十色，但心灵的世界却越发丰盈、灿烂。

以后的生活当然还会充满许多考验，但幸运的是，我已有了佛法相伴。我相信自己不会再怨天尤人，遇到挫折时也不会惶惑无助，因为佛法的"无我"理念使我一天天坚强。丢掉脆弱不堪的"我执"，我又将何惧何畏？

学佛并不在于对神通感应的追求，而在于对自我的深刻剖析以及随之而来的心境提升和智慧增长。学佛的好处无法言尽，不过有一点却始终令我感怀：靠着佛法，我毫无疑问已站在了迈向解脱的起跑线上……

把短暂的一生用于出家求道，这是非常了不起的一种选择。就算有些人因为种种原因出不了家，仅在内心发愿出家的功德也不可思议。

《月灯经》云：只要向出家、前往寂静地修行这个方向走上七步，功德都无法衡量。所以，切莫对别人出家的行为轻易毁谤。别以为走投无路才会出家，出家恰恰是获取新生的崇高举动。

对此，每个人都要有一种宽容的智慧。

一幕幕的际遇，就像扬起漫天沙尘的风暴，

让我们亲眼照见生命里沉淀的杂质。

佛法却教我们像贝壳含容细沙那般，

从中孕化出珍珠。

当泥沙变成珍珠，苦难就有了价值

真实说来，一个真正学佛人的行持，会给社会、家庭和个人带来不可估量的积极能量。可惜的是，大多数人并不懂得他们的价值所在。这种认识上的偏颇和我们所处的教育环境有着密切的关系。

在一些佛法兴盛之地，大都非常重视佛法的普及、提高，有关佛法的讲学及研讨也举办得相当频繁。浓郁的学佛氛围，让许多民众久已蒙蔽的善根得以苏醒并最终成熟。现在四川大学攻读宗教学博士学位的圆答，就是在偶遇一次佛学讲座时顿萌菩提心志的。

圆答毕业于台湾政治大学，在校期间便因听某位法师的讲座而迈入佛门并至出家。她说自己不喜欢北京、天津等大城市，却偏爱四川这个独具人文魅力的地方，因为这里有很多认识汉、藏高僧大德并深入研究佛学的机缘。

我当然很赞赏并随喜她的选择，不过最令人感慨的还是她的入佛因缘。众生皆具菩提种子，但成熟与否还需要种种外缘，因缘聚合才有苗芽的萌发和茁壮成长。

多么希望，全社会都能为佛法这棵古老慧树的兴盛、壮大，培养一方肥沃的土壤；全社会都能为每颗求真、求善的心灵，给予些许关注的目光。

母亲离开我已经十年了。

我永远都坚信，她来这世上的短暂一遭，目的就是为了引领我学佛。因而不管今后的人生际遇如何、我会处在天涯的哪一个角落，在每一天清晨与黄昏的太阳光线中，内心深处都会回荡起她那一声声悲切而虔诚的弥陀圣号。那时的母亲，跪在老家佛堂里，总要念到腿麻声哑方才止歇……

而当时的我，刚刚通过激烈竞争才考入著名大学，在书生意气的年代，整日以知识分子身份傲然自居。我将佛教看作与其他民间信仰一般落后、消极，想当然地将它斥为迷信。只是在大二放春假时，一个大和尚来到我们那个淳朴的小镇，并惹得整个街坊沸沸扬扬。为了与母亲做伴，我才跟着人流挤进了镇上的学校礼堂，生平第一回听闻了有关佛法的那场演讲。

出乎意料，那和尚的演讲竟让我无法自制地哭了起来，尽管我根本不懂那位法师到底说了些什么，也不明白自己为什么要哭，反正脸上的泪水就那么痛快而恣意地流淌……

从那以后，"佛法僧"就刻在了我心深处，让我终日系念不已。

那年暑假，我主动和母亲上了佛光山，参加了一个连续七天的"短期出家"。在那里，我好像遇见了多年不见的老朋友，出家人的生活作息、举止要求、清苦与满足，都仿佛似曾相识。于是，在活动即将结束时，我又一次泪水涟涟。

从小到大的幸福快乐与一帆风顺，让我从未想过在父母的温暖怀抱之外，会找到另外一个魂牵梦萦的"家"，而且这个"家"居然让自己有那么强烈的归宿感。在来这之前，与离开这里之后，我忽然发现，我的心竟一直是孤独的，在漂泊中长久地守候着什么……

又一个寒假来临时，我没有回东部老家，却直接上了佛光山。当跟着那儿的修道者一起搬柴运水、晨课暮诵时，我得到了从未有过的快活。而这等快活，竟是在粗茶淡饭里觅得，在返璞归真中拾获。我的整个身心如痴如醉了，就好像"众里寻他千百度。蓦然回首，那人却在，灯火阑珊处"。在世间繁华阑珊处，我却发现了生命本然的质朴面目。

农历年之后，我终于决定出家了。

当然会遇到亲友的阻碍与挽留，甚至跪泣，但我已心如止水，只期待时间能替我安顿好每一个人的怀疑与痛苦。那时的我依然对佛教教义了解不深，但我可以用剩下的全部时日去拥抱佛法。对生命而言，这有点像一个赌注，但我相信佛法定会让我成为赢家，因为它已在我的生命里注入了超越一切有形质碍的资本。

相信时间会让我庆幸自己的选择，就像相信在并不遥远的将来，父母会理解我的选择。

出家以后，在老师同学异样的眼光里，我继续念完了大学，然后重回佛学院，学习如何从外而内做个彻头彻尾的出家人。我开始一句一句地了解佛陀的言教，同时学着抖下尘俗、剥落自己的习气。这不是一件容易的事，尤其是当执著与自以为是充塞全身时。在这一过程中，我看见了自己的点点瑕疵，摸清了自己的脆弱、我执本质，但我别无选择——不跨越生命的极限，何来从人性到佛性的飞升？累累伤痕中，我选择了忍耐与坚强。

而恰在此时，母亲却离我而去了。

办完母亲的丧事，我回到山上的佛学院。一脚跨入大悲殿，看见菩萨慈目低眉的那一瞬间，突然我似乎看见了母亲的容颜。心底的悲情霎时化成一种释然，原来母亲并没有走，她将在大悲殿里，注视着女儿生生世世的修行。

从佛学院毕业以后，我进了研究所进一步深研佛学。有时融入古代高僧大德的思想中，会以为自己也是那远古时代的佛子。等回过神，才恍然发现"哲人已远"，只有自己仍然还在轮回中。每每此时，心中都会有一种难以言喻的失落感久久不散；有时读着经典，就像见到佛陀直指凡夫漏习的智能，如利剑般直逼而来，弄得自己无处遁逃；有时又如失怙稚子，悔恨为何"佛灭度后我出生"，一股回归思绪便油然而生。我慢慢相信了，在轮回的生命里，我本西方一衲子。

后来，我成了一名佛学院的教师，对着一班又一班年轻的孩子们讲说佛法僧的功德。看着他们在修道中跌倒又爬起，我仿佛看见了自己青涩的过去，看见了用修行包裹着的心性中，还有恒河沙石般的烦恼系缚。于是，心中对佛陀的崇敬便日益加深，对修道的渴望也日趋强烈，对习气染浊的污垢也更加厌恶。这三者的对照，使我一度在矛盾中困顿了很久。直到后来，当我学会用"平常心"在漫漫菩提路中耐心地陪伴自己，才明白只有"中道"能让自己走出更远的路。

一幕幕的际遇，就像扬起漫天沙土的风暴，让我们亲眼照见生命里沉淀的杂质。佛法却教我们像贝壳含容细沙那般，从中孕化出珍珠。只有学会接受杂质，透视杂质，将它转换为人生的智能，我们才会懂得修行的真义：就如莲花出淤泥而不染。没有了水底烂泥，莲花也不会如此芳香。

1999年，我又考取了川大宗教所的博士生，并因此来到大陆，开始寻找我的佛国净土。此刻，回首出家十三年的岁月，不仅我那曾经老泪纵横的父亲理解了我，更重要的是，我感到自己生命的视野已超越了世俗情爱的牵绊，落在了一个更宽阔的世界里；我还看见了一颗菩提种子轻轻落上了柔软的心田，正在萌芽吐绿……

无常世间，没有哪个因缘会与我们相伴永远，可在冷酷生命中，三宝却与我们紧紧相系；感谢三宝，没有嫌弃我这样一个凡夫俗子，在佛法的无尽智海中，仍赐予我一瓢之饮。我只有"将此深心奉尘刹，是则名为报佛恩"。

前方，不管归"家"的路还有多远，我都会全力以赴。

圆答在与我谈话的最后还说道："我很爱读书，但这'书'仅限于佛法，除此之外的一切世间学问丝毫也引不起我的兴趣。因为我想探究人的内心世界，而佛法是最完美的内心科学。"她还表示，今后想依靠种种方便善巧，把她所掌握的佛法精髓向世人广为宣说，就像当初给她以人生启迪的那位法师一样。

对此我非常理解和赞同。的确，当外在的科技面对心灵荒漠，越来越捉襟见肘时，佛法一定会当仁不让地担负起人类心灵医师的角色。但这一切的前提，是佛法可以自在无碍地得到传播。为此，我们需要营造学佛的氛围，更需要培养弘法利生的人才。

我想每一个负责任的佛教徒都应该竭尽全力去弘扬佛法，如果暂时无力改变周遭的环境，可以先扩展自己的内心，真正做一个续佛慧命、积极利他的人，哪怕仅仅给众生播下一点点善根，也会促进对方未来的因缘成熟。

若只关心自己的成就，恐怕将背离了大乘佛法的悲智精神。